# Morir no es lo que parece

DR. VICENTE ARRÁEZ

# Morir no es lo que parece

## El viaje entre la mente y la conciencia

Grijalbo

Papel certificado por el Forest Stewardship Council®

Primera edición: octubre de 2025

*Printed in Spain* – Impreso en España

ISBN: 978-84-253-7021-2
Depósito legal: 14.484-2025

Compuesto en Llibresimes, S. L.

Impreso en Black Print CPI Ibérica
Sant Andreu de la Barca (Barcelona)

GR 7 0 2 1 2

# Índice

*A Mina, mi conexión entre la tierra y el cielo.*
*Y a mis hijos, de los que sigo aprendiendo*

# Prólogo

Conocí a Vicente Arráez hace muchos años, cuando me invitó a dar una charla en las «Jornadas de la Muerte y el Morir» de Elche, que llevan ya dieciocho ediciones. También ayudé a iniciar el camino de la Fundación Metta para el acompañamiento en el duelo. El tema de la muerte y el morir, y su divulgación, es algo importante para ambos.

Entre nuestros propósitos de vida, el ayudar a la gente a liberarse del miedo a la muerte es uno fundamental. ¿Y cómo se hace? A través del conocimiento y de la ciencia. Debemos tener la esperanza de que la vida sigue, de que somos algo más que un cuerpo, de que la muerte es solo la muerte del envoltorio, del vestido que nos ponemos para vivir la experiencia de este mundo tridimensional, la tierra; nuestra esencia, lo que realmente somos, sigue existiendo, y en su partida lleva consigo todo lo experimentado y vivido desde el corazón. Lo material se queda aquí.

Como dice el gran Carl Jung: «Tu visión se aclarará solamente cuando puedas mirar en tu propio corazón. Porque quien mira hacia fuera sueña; quien mira hacia dentro despierta».

Al perder el miedo a la muerte, ¡vivimos! El miedo es un mecanismo primario y automático de supervivencia (siempre sobre futuros hipotéticos) que nos impide darnos cuenta de que aquellos momentos en los que nuestra mente está ocupada en el futuro, dejamos de vivir; son momentos que pasan y que no hemos disfrutado, y no volverán… Vendrán otros, parecidos o diferentes, pero nunca los mismos. Todos esos instantes van sumándose y, al final de nuestras vidas, comprendemos que se acabó el tiempo que se nos regaló al nacer y que ya no tenemos la oportunidad de revivir lo que la vida nos ofreció y no supimos valorar. Al irnos, entendemos que todo aquello por lo que dejamos de vivir y a lo que dábamos tanto valor no llegó a ocurrir o no tuvo importancia. Nos vamos sin nada. Por eso, con frecuencia nos angustia habernos perdido la vida por estar distraídos. Queremos dar marcha atrás y ya no es posible, nos lamentamos de las cosas que no hemos hecho y eso nos dificulta el dejar ir.

A lo largo de la historia, el hombre ha tenido una visión trascendente en su búsqueda de respuestas a inquietudes y preguntas internas. Así fue en la prehistoria, o en las civilizaciones egipcia, griega, romana, judía, azteca, maya, tolteca… Es un común denominador de todas las culturas y épocas. Yo creo que ante las preguntas que nos surgen al contemplar el universo y la creación, el ser humano siempre ha tenido una visión espiritual o trascendente de ser parte de la totalidad y reflejo de ella.

Pero desde el siglo XVII la separación de lo objetivo y lo subjetivo, del alma y el cuerpo, de la filosofía, la religión y los sentimientos y lo reproducible y predictivo es definitiva. Ahora mismo estamos en una época de síntesis Occidente-Oriente, ciencia-espiritualidad, hemisferio cerebral izquierdo-hemisferio cerebral derecho (lo concreto, la lógica, la razón, el pensamiento en serie, el yo, la separación; y lo abstracto, la intuición, el todos, la unión). Pero, sin duda, durante todo este tiempo ha quedado patente que lo que nos distingue como seres humanos es la autoconciencia, el ser conscientes de nuestra muerte, de la finitud, la reflexión y la capacidad de decidir cuál es la acción correcta ante cada hecho de la vida, de ir más allá de la mera acción-reacción fruto de la conciencia primaria, dictada por el inconsciente para la supervivencia.

He hecho entrevistas a personas que han tenido una experiencia cercana a la muerte (ECM) y las que se declaraban ateas han manifestado que hay algo o alguien más, porque lo que han vivido no es producto de su mente, no es una creencia, sino algo experimentado con todo su ser y que aún hace que se emocionen al explicarlo, aunque hayan pasado treinta años. Cuando acompañas en el tránsito a una persona atea, esta siempre se plantea qué sentido ha tenido su vida y si lo que ha hecho sirve para algo o a alguien. Ese pensamiento en sí ya es trascendente, no necesita ser religioso o espiritual. En cualquier caso, cuando existe acompañamiento en el momento del tránsito, ya sea laico, espiritual no religioso o religioso, el que se va parte con paz, y esto ayuda a los que se quedan a vivir el duelo con más aceptación y serenidad.

Si aprendemos de aquellos que se nos han adelantado en el viaje de retorno a casa, si nos preparamos para la muerte y valoramos y agradecemos la vida, cada instante, cada puesta de sol, el aroma del jazmín en una noche estrellada, una caricia del ser amado, el compartir, una sonrisa…, no temeremos a la muerte, porque habremos vivido. No debemos olvidar que el futuro es algo hipotético y el pasado ya es pasado, y fuera como fuese nos ha servido para ser quienes somos, y nunca hay error si ha habido aprendizaje. Tan importante es este mensaje o *leitmotiv* como normalizar la muerte, dado que es inherente a la vida. Nacemos con un tiempo limitado y cada día utilizamos una parte. De ahí la importancia de analizar cómo lo gastamos: ¿somos conscientes de la vida, del aquí y ahora, del regalo que supone, o nos damos cuenta en el momento del diagnóstico de una enfermedad incurable o cuando ya no nos queda el tiempo? Normalizar la muerte quiere decir hablar de ella, porque, aunque nos consideremos muy cerebrales, somos supersticiosos y nos parece que si la mencionamos, la atraemos. Muchas veces, cuando una persona va a trascender, se crean en la familia silencios dolorosos y palpables en los que nadie quiere hablar; el que se va, por no preocupar, y la familia, porque no quiere que el enfermo piense que se va a morir.

Datos científicos de diversas investigaciones sugieren que la vida sigue, que la consciencia continúa, con lo que se abre la puerta a que esta no es un subproducto de la función cerebral, es a-local. Lo que hace es utilizar el cerebro como un instrumento de transmisión, como un ordenador o un televisor que no producen la información, sino que la retransmiten. Seguimos unidos a nuestros seres queridos fuera del espacio y el tiempo, en otro plano de conciencia. Todo ello nos lleva (o nos debería llevar) a cambiar nuestros valores y a vivir la vida con sentido y significado, lo que a su vez nos encaminará a una buena muerte. Morimos como vivimos, así que… aprendamos a vivir.

Espero que disfrutéis de la lectura de este libro como lo he hecho yo y que os sea útil, tanto para vivir como para aceptar la muerte como parte de la vida y para entender que esta es un camino que nos lleva a prepararnos para el momento más importante de la misma, la vuelta al hogar, la transición a ese otro plano de conciencia al que nos iremos llevándonos lo mejor de nosotros y en donde nos encontraremos con los seres queridos que se nos han adelantado en el camino.

Doctora Luján Comas
Presidenta de Fundación Icloby

# Introducción

Morir no es lo que parece. Y la vida es un camino de exploración para desvelar el misterio del que formamos parte. Las herramientas que tenemos para ello son: nuestra mente, nuestro cerebro y nuestra capacidad de darnos cuenta —lo que llamamos consciencia—; y es esta última la que, con toda la información que recibimos a través de los sentidos, nos permite ir elaborando los mapas sobre los que caminamos.

Es un viaje lleno de sorpresas, diferentes para cada persona, y también de aspectos comunes que nos llevan a plantearnos preguntas esenciales. Con cada nuevo descubrimiento, aumenta aquello que no somos capaces de describir. Intuimos que hay algo más allá de cada experiencia, de cada conocimiento, y no es extraño que percibamos que somos parte de un todo, fragmentos de esa totalidad y, al mismo tiempo, que podamos reconocer que la representamos. Nos sentimos parte de ese infinito y, en nuestro interior, descubrimos el anhelo de desintegrarnos en él. Nacer es darle forma a un aspecto de esa conciencia infinita y morir es disolver dicha forma para volver al origen.

Te propongo disfrutar de este viaje de exploración, estableciendo un diálogo entre tu mente y la conciencia, más allá del entendimiento limitado al que podemos acceder como seres humanos. Iremos revisando el equipaje con que contamos y cómo, a lo largo de los tiempos, se han ido construyendo diferentes mapas de la realidad en la que nos movemos. Curiosamente, a pesar de todo lo andado, no parece que hayamos llegado al final, ni siquiera, quizá, al último tramo del sendero. No acabamos de comprender de forma límpida el universo del que formamos parte, ni tenemos respuestas absolutas a cuestiones como de dónde venimos o a dónde vamos. Sin embargo, podemos disfrutar de lo que nos ofrece cada paso que damos. Esa es la clave. Con esta actitud, siguiendo nuestra intuición, podemos dejar que nuestra mente dialogue con esa instancia en la que reside toda la información que necesitamos y a la que llamamos conciencia, universo, dios, tao o como la queramos definir, sabiendo que cada vez que nombramos la totalidad, la reducimos al marco limitado de lo que somos en este plano.

Este libro trata de profundizar en todos los aspectos del viaje contando con las fotos de otros viajeros, que nos servirán de referencia. Este libro es, también, una invitación a dejar que nuestra mente se abra y descubra lo que hay más allá de uno mismo.

# 1

# ¿De qué estamos hablando?

No entiendes realmente algo a menos que seas capaz de explicárselo a tu abuela.

ALBERT EINSTEIN

Desde el comienzo de la vida, el ser humano ha tenido la inquietud de buscar respuestas a los misterios que surgen ante la observación del universo en el que vivimos. Muchos de esos interrogantes aún siguen siéndolo, a pesar del empeño en generar teorías que los expliquen; unas desde el punto de vista filosófico, otras desde el análisis psicológico, algunas basándose en creencias religiosas y, más modernamente, en las aportaciones de las neurociencias o de la física. Ante la ausencia de una respuesta objetiva en concordancia con la visión materialista que ha imperado en los últimos siglos, las creencias han tenido su máximo protagonismo y la terminología que se utiliza habitualmente suele ser confusa e incluso, dependiendo de su procedencia, adquiere un matiz u otro.

Con las primeras preguntas sobre la naturaleza del ser humano, aparecen las primeras respuestas, diferentes según la tradición que las aborde. Ahora bien, en todas ellas, lo fundamental es tratar de diferenciar si la naturaleza del ser humano es material o espiritual. Fruto de este dilema, surge la que probablemente sea la cuestión esencial: querer saber de dónde venimos al nacer y a dónde vamos al morir, qué hay antes y qué hay después. Tratar estos temas nos pone cara a cara con el misterio, uno que podemos explorar, pero que difícilmente llegaremos a resolver de forma netamente objetiva. Así lo demuestra la gran cantidad de respuestas al respecto que se han dado a lo largo del tiempo, unas para llevarnos a la siguiente pregunta, otras para convertirse en dogmas que solo requieren fe y no son cuestionados. Como consecuencia de la evolución del ser humano y de la necesidad de dar forma a todos estos contenidos, se van poniendo etiquetas y nombres a cada evento, idea o tema del que hablamos. Lo hacemos porque al inventarnos o usar según qué términos, inconscientemente sentimos que comprendemos mejor. El resultado es que existen numerosos términos que, en función del contexto o el idioma, mantienen un mismo significado o adquieren otro diferente.

Con estas premisas, merece la pena hacer un esfuerzo y recoger los aspectos más relevantes acerca de las manifestaciones de la vida y la muerte, así como de los conceptos principales y que muchas veces se han malinterpretado. Vaya por delante que, hasta ahora, no ha habido un «consenso universal» como tal y que la terminología es confusa, porque se usan indistintamente las mismas palabras para significados muy similares o totalmente diferentes. El objetivo es tratar de acotar los términos y llegar a un acuerdo sobre lo que significan para así poder reconocer de qué estamos hablando.

## Vida y muerte

Comencemos por explorar el significado de lo que llamamos vida y de lo que entendemos por muerte. Tradicionalmente, asociamos la muerte con el final del proceso de vivir y, por lo general, lo vinculamos a una enfermedad y lo reducimos a su dimensión biológica. Desde esta perspectiva, la muerte es un evento futuro, algo que aún no ha ocurrido. Sin embargo, esta visión puede ser engañosa. En realidad, todo lo que consideramos vida pertenece al pasado: es lo que ya ha sucedido. Cada experiencia que hemos vivido ha muerto ya, y es a partir de ese pasado cuando construimos el futuro y damos forma a lo que llamamos vida. En este sentido, la muerte no es solo un evento futuro, sino también lo que ha quedado atrás.

Por otro lado, la vida es el futuro, un espacio que solo podemos crear si aceptamos que lo anterior ha muerto. Este enfoque es crucial, ya que, al aferrarnos a la idea de permanencia y buscar la seguridad de un mañana basado en el ayer, perdemos de vista nuestro poder creativo, ese que surge cuando abrazamos el cambio constante y comprendemos lo efímero de nuestra existencia.

Morir, entonces, no es más que una transición entre dos estados: lo que fue y lo que será. Vivir y morir son dos caras de la misma moneda, dos etapas inseparables de un mismo proceso. Al entender esto, podemos liberarnos del miedo a la muerte y enfocarnos en vivir plenamente, aceptando que cada momento pasado es un paso hacia la creación de un futuro nuevo.

Nuestro cuerpo está implicado en este proceso de nacer y morir, con todas las características propias de cada una de sus dimensiones: física, psicológica, social y espiritual. Durante mucho tiempo, se ha tratado de estudiar cada una de estas dimensiones con resultados diferentes y con la sensación de que falta mucho por descubrir. Haremos un recorrido tratando de acercarnos a los aspectos más relevantes y menos conocidos de este mundo fascinante del que formamos parte.

## Mente

Iniciamos este viaje acercándonos a lo que llamamos mente, que será el medio por el que conectaremos con el universo que nos rodea y con el que interaccionamos.

Algunas lenguas europeas, como el alemán, diferencian claramente entre la mente y el corazón, el intelecto y los sentimientos. Al lado intelectual y racional le llaman mente y al lado emocional e intuitivo le llaman corazón. La realidad es que, tras siglos de investigación y reflexión y con numerosos recursos tecnológicos a su alcance, la ciencia no ha podido precisar el origen o naturaleza de la mente. Esto es debido a que esta solo puede ser vivida de manera subjetiva y analizada a través del resultado de sus propios procesos. Por tanto, las distintas disciplinas relacionadas con su estudio han desarrollado posturas en torno a su esencia, ocasionando, frecuentemente, diferencias ideológicas y metodológicas que dificultan llegar a un acuerdo sobre su significado.

La mente puede definirse como «el conjunto de actividades y procesos psíquicos conscientes e inconscientes, especialmente de carácter cognitivo o afectivo, tal como aparecen en la experiencia de cada uno». Diremos entonces que la mente comprende el conjunto de capacidades intelectuales de una persona, como la percepción, el pensamiento, la consciencia y la memoria.

El reciente desarrollo científico y tecnológico de las neurociencias ha permitido explorar con detalle las distintas localizaciones del sistema nervioso en su búsqueda de las estructuras responsables de los procesos mentales. Para las neurociencias, el interrogante de qué es la mente se aborda a partir del problema mente-cuerpo, donde el cuerpo es representado por el sistema nervioso central. Se trata, pues, de una postura enteramente materialista, según la cual el cerebro es el que percibe, piensa, siente, recuerda, imagina y desea, por lo que la mente se reduce a un conjunto de funciones cerebrales. Uno de los descubrimientos recientes más importantes en torno a la relación entre el cerebro y los distintos procesos mentales sugiere que estas funciones se manifiestan de manera coordinada en diferentes partes del sistema nervioso, lo que desbanca la noción de que existen estructuras específicas responsables de cada proceso.

La capacidad de respuesta de la mente es asombrosa. Actúa de manera rápida, automática y eficaz. Sin embargo, a pesar de ser procesos prácticamente inconscientes, derivan en pensamientos que expresan aspectos de la conciencia y que pueden ser reflejo del subconsciente de cada persona. De hecho, con el tiempo, la mente va adquiriendo una serie de características propias de cada cual. Estos rasgos se empiezan a desarrollar en la infancia y van aumentando su complejidad progresivamente con cada experiencia. Todo ello en estrecha relación con la actividad cerebral, en lo que concierne a su actividad eléctrica y bioquímica. Por medio de esta relación mente-cerebro, se puede organizar la información, procesarla y emitirla, de modo que la mente actuaría como receptora y organizadora para poder evocar los contenidos almacenados en la memoria y actuar en consecuencia en cada situación.

La tradición budista tiene una concepción totalmente diferente. No distingue los aspectos descritos por las ciencias modernas. En lugar de ello, incorpora todas las funciones en un único concepto que incluye la percepción sensorial, el pensamiento verbal y abstracto, las sensaciones de felicidad e infelicidad, la atención, el interés o la concentración. Básicamente, cuando el budismo habla de la mente, se refiere a todo tipo de actividad mental. No niega la existencia del aspecto físico, que, por supuesto, existe y juega un papel relevante, pero la palabra mente no hace referencia a algo inmaterial que se localiza en el cerebro, en donde se produce su actividad. Para esta tradición, la mente es la experiencia individual y subjetiva de algo, y ese algo es siempre cambiante. Además, la actividad mental es continua, sin interrupciones, ya sea de forma consciente, subconsciente o inconsciente.

Otro aspecto relacionado con la mente y con sus diferentes cualidades es el pensamiento, una actividad compleja que da forma a las ideas y crea representaciones de la realidad. Su etimología deriva del latín y significa «comparar», ya que todos los pensamientos suponen una comparación entre diferentes referencias. Es aquí donde entra en juego el lenguaje, que es un medio de comunicación *per se* y una herramienta que moldea nuestra realidad, así como un reflejo de nuestra cultura.

El relativismo lingüístico nos recuerda que las palabras no son neutrales, llevan consigo una carga de significados y perspectivas que influyen en nuestra manera de entender el mundo. Al explorar esta relación entre lenguaje y pensamiento, no solo ampliamos nuestro conocimiento científico, también nos acercamos a comprender la riqueza de la experiencia humana. El relativismo lingüístico, conocido como la hipótesis de Sapir-Whorf, propone que la estructura de un lenguaje afecta a la forma en que sus hablantes conceptualizan el mundo. Edward Sapir y Benjamin Lee Whorf, pioneros de esta teoría, argumentaron que las categorías gramaticales y el vocabulario de un idioma condicionan la percepción de sus usuarios.

Por ejemplo, en español, distinguimos entre «ser» y «estar», una distinción que no existe en inglés. Esto podría llevar a que los hispanohablantes perciban ciertos estados de manera más matizada que los angloparlantes. Otro ejemplo clásico es el de los esquimales y la nieve. Se dice que los esquimales tienen docenas de palabras para describir la nieve, lo que les permite diferenciar entre tipos de nieve que para otros serían indistinguibles. Aunque este hecho ha sido exagerado en la cultura popular, ilustra una idea clave: el lenguaje nos proporciona herramientas para categorizar y dar sentido a nuestro entorno.

El relativismo lingüístico también se manifiesta en cómo percibimos los colores. En un estudio pionero, los investigadores descubrieron que los hablantes del idioma himba, en Namibia, no tienen una palabra específica para el color azul. Cuando se les pidió identificar un cuadrado azul entre varios verdes, les resultó más difícil que a los hablantes de inglés. Esto sugiere que la falta de una palabra para definir un color puede afectar a nuestra capacidad para distinguirlo.

Gracias al pensamiento, puedo establecer todo tipo de preguntas que me permiten profundizar *ad infinitum* en el conocimiento, buscando las respuestas, y, a partir de ahí, crear soluciones generando nuevas ideas. Puedo desagregar la información que recibo para analizarla y comprenderla, construyendo así nuevos pensamientos. Conforme se desarrolla el pensamiento y acumulamos información, lo normal es que aparezca el pensamiento crítico, que nos permite discernir aquello con lo que estamos de acuerdo de aquello con lo que no. Así, lo que se piensa conforma un juicio y, en ocasiones, permanece como un prejuicio que nos puede condicionar de forma positiva o negativa. El pensamiento surgiría de nuestros mapas de memoria como una respuesta lineal ante un estímulo, sin tener en cuenta ninguna información adicional que podría modificar lo que se piensa. Es por esta razón que en la construcción del pensamiento juega un papel fundamental lo que llamamos memoria, gracias a la cual el conocimiento y las diferentes experiencias son codificadas y almacenadas para posteriormente ser recuperadas y traídas al presente. Lo que llamamos memoria puede estructurarse en tres procesos:

1. El primero sería el proceso a través del que se prepara la información para que pueda ser almacenada.
2. Posteriormente, una vez que la información ha sido codificada, tiene lugar el almacenamiento, etapa caracterizada

por el ordenamiento, la categorización o la simple titulación de la información.

3. Finalmente, se daría la evocación, proceso mediante el cual recuperamos la información previamente almacenada. El éxito de esta recuperación dependerá de cómo haya sido tratada la información, de manera que, si todo se ha realizado correctamente, será más fácil de localizar y utilizar en el momento en que se necesita.

La investigación de la memoria desde la neurociencia cognitiva ha revelado la existencia de múltiples sistemas; no se trata, por tanto, de una función o identidad única, sino que podemos hablar de tres tipos de memoria que actúan independientemente unas de otras: la memoria representativa, que es el recuerdo consciente de hechos y eventos; la memoria mecánica o aprendizaje de hábitos y destrezas; y la memoria sensitiva, que define las modificaciones que los afectos tienen sobre el recuerdo. Como ya se puede intuir por la propia definición de memoria, es una función cognitiva extremadamente compleja que implica a una gran cantidad de estructuras cerebrales y que actúa en la mayoría de las situaciones cotidianas.

Por esta razón se han creado diferentes teorías y divisiones acerca de esta habilidad cognitiva. Aquí dividiremos los tipos de memoria en función de diferentes criterios:

- Según el tiempo que permanece la información en el sistema, hablaremos de memoria sensorial, memoria a corto plazo, memoria de trabajo y memoria a largo plazo. La memoria sensorial retiene la información durante un par de segundos y, en el polo opuesto, la memoria a largo plazo puede almacenarla durante un tiempo prácticamente ilimitado.

- Según el tipo de información, podemos distinguir entre memoria verbal, aquella que se encarga de retener información con contenido verbal, y memoria no verbal, que es la que maneja el resto de información.
- Según el órgano sensorial empleado, y dependiendo del sentido estimulado, hablaremos de memoria visual, memoria auditiva, memoria olfativa, memoria gustativa y memoria táctil.

## Cerebro

En todos los procesos relacionados con la mente, el papel del cerebro aparece siempre en el centro del debate. Es un órgano con esencia material y la base de la conexión con el mundo de lo intangible. Alrededor del siglo XVII, comenzaron a atribuírsele funciones de lo que se denomina mente.

El cerebro es el órgano que elabora los estímulos externos e internos del individuo, los integra en los sistemas cerebrales anteriores y da lugar a un conjunto de respuestas. Su funcionamiento es estudiado por las ciencias experimentales. Le dedicaremos un apartado específico para comprender mejor su papel como interfaz entre la mente y la conciencia.

## Consciencia y conciencia

Como elemento que conecta la actividad mental con el cerebro, tenemos un término para nombrar el proceso de darse cuenta de algo. Aunque no existe una definición consensuada de consciencia, se puede decir que es el estado subjetivo de percibir algo, dentro o fuera de nosotros, y que nos permite valorar el presente.

Se trata del conocimiento reflexivo de las cosas y de la actividad mental, que solo es accesible para el propio sujeto.

En áreas como la neurociencia o la psicología, la restricción del término ha evolucionado hacia conceptos más amplios de la consciencia, siendo ampliamente estudiada en la actualidad. Consciencia lo es todo, porque, tal y como dijo en su día Descartes (matemático y filósofo francés del siglo XVII), es la propiedad esencial de la mente. De ahí que todo lo que en ella acontece, ya sean pensamientos, deseos, voluntades o reflexiones, es lo que erige su forma y los cimientos particulares de cada persona. Todos estos procesos definen lo que ya en el siglo XX el filósofo y matemático australiano David J. Chalmers denominó explicaciones sencillas, en contraposición a lo que denomina el problema difícil.

La parte difícil de comprender y explicar es por qué experimentamos fenómenos que ocurren en nuestro entorno y cómo las sensaciones se convierten en características definidas, como, por ejemplo, el hecho de que podamos reconocer un color o un sabor a partir del estímulo de un receptor físico. Pero retrocedamos un paso para explicar que nuestros receptores nerviosos se estimulan a través de unas ondas, de unas frecuencias; a partir de ahí, concluimos que algo es rojo o que tiene un sabor dulce. En realidad, no existen el rojo ni el dulce, solo estímulos en bandas de frecuencias que recogen nuestros sentidos para que nuestro cerebro cree los colores o los sabores. Quiero traer aquí a colación lo que Isaac Newton comentaba en una carta a un amigo: «No es sencillo determinar por qué modos o acciones la luz produce en nuestras mentes el fantasma del color».

Volviendo a Chalmers, la parte que llamaba sencilla es la que explica las correlaciones neuronales de la consciencia; es decir, la habilidad de integrar información, discriminar o poner atención, por ejemplo. Los problemas fáciles lo son porque todo lo que se requiere para solucionarlos es especificar un mecanismo que lleve a cabo su función, sin importar lo compleja que sea. Cada cosa que vemos y sentimos es captada por nuestra mente consciente, que la interpreta, procesa e incluso es capaz de verbalizarla. Más tarde, llega la explicación compleja, esa en la que no toda la comunidad científica y filosófica parece ponerse de acuerdo aún. ¿Cómo logran nuestros sentidos, neuronas y procesos químicos dar forma a esa entidad tan distintiva de cada uno a la que llamamos consciencia?

Llegados a este punto, conviene señalar que consciencia no es lo mismo que conciencia. No es difícil caer en equívocos y por eso es necesario delimitar cada concepto. Como he introducido, la consciencia es la capacidad de la mayoría de los seres vivos de percibir la realidad y reconocerse en ella. Por otro lado, se puede considerar como una parte de la conciencia, de la que solo sería la manifestación que permite darse cuenta de las experiencias que acontecen. La consciencia es, pues, el resultado de nuestra complejidad cerebral y de nuestras interacciones

Fritjof Capra, un físico de la Universidad de Viena, en su libro titulado *La trama de la vida*, explica que el grado de autoconsciencia de un organismo se basa en sus interacciones con el medio en relación con un cerebro.[1] Es decir, cada vez que percibimos algo, que sentimos, que vemos, que establecemos una relación, una conclusión, cada vez que aprendemos o experimentamos algo, nuestra consciencia se va edificando, poco a poco.

Asimismo, tenemos otro interesante estudio llevado a cabo por el físico Roger Penrose, premio nobel en 2020, y el médico anestesista Stuart Hameroff, quienes concluyen que la consciencia sería una propiedad inherente a todo sistema biológico, a todo ser vivo.

Imagina por un momento que tu consciencia, esa voz interna

1. Capra, F., *La trama de la vida*, Barcelona, Anagrama, 2006.

que te permite percibir, pensar y sentir, no es simplemente el resultado de impulsos eléctricos en tu cerebro, sino algo mucho más profundo y fascinante. Según recientes investigaciones, la consciencia podría estar íntimamente ligada a fenómenos cuánticos que ocurren en las estructuras más pequeñas de nuestras células: los microtúbulos. Los microtúbulos son como los pilares microscópicos que sostienen y organizan nuestras células. Forman parte del citoesqueleto, una red de proteínas que no solo da forma a la célula, sino que también regula sus funciones internas. Pero estos diminutos tubos no son un mero soporte estructural; según algunas teorías, podrían ser los canales a través de los cuales se transfiere información cuántica, un proceso que estaría en el núcleo mismo de lo que llamamos consciencia. Aquí es donde la física cuántica entra en escena.

A diferencia de la física clásica, que describe el mundo macroscópico que vemos, la física cuántica se ocupa de lo extremadamente pequeño, donde las partículas pueden existir en múltiples estados al mismo tiempo y donde la información parece transmitirse de maneras que desafían nuestra intuición. Los microtúbulos, gracias a su estructura y propiedades, podrían ser el escenario perfecto para que estos fenómenos cuánticos ocurran en nuestro cerebro. Pero ¿cómo se relaciona esto con la consciencia? La idea es que, a lo largo del tiempo, los microtúbulos generan una especie de red compuesta por miles de millones de instantes cuánticos. Cada uno de estos instantes sería como una chispa de información que, al combinarse con otros, da lugar a lo que se conoce como protoconsciencia. Esta protoconsciencia sería el primer paso hacia la experiencia consciente completa, aquella que nos permite ser conocedores de nosotros mismos y del mundo que nos rodea. En otras palabras, la consciencia no sería un fenómeno estático, sino el resultado de un proceso dinámico y acumulativo. Cada instante cuántico acumulado en los microtúbulos contribuye a la formación de una estructura más compleja, que eventualmente se manifiesta como nuestra experiencia consciente. Es como si cada pensamiento, cada sensación, fuera el resultado de una sinfonía cuántica que se interpreta en el interior de nuestras células.

Este enfoque nos ofrece una nueva perspectiva sobre cómo funciona nuestra mente y plantea preguntas fascinantes: ¿Podríamos algún día llegar a manipular estos procesos cuánticos para entender mejor los trastornos de la consciencia, como el coma o las enfermedades neurodegenerativas? ¿Es posible que la consciencia sea un fenómeno universal, presente en todas las formas de vida e incluso más allá? Aunque aún estamos lejos de responder a estas preguntas, lo que sí está claro es que la relación entre los microtúbulos, la física cuántica y la consciencia es un campo de estudio apasionante que podría cambiar nuestra comprensión de lo que significa ser conscientes.

En sus estudios, Penrose y Hameroff plantean el origen de la consciencia y se atreven a afirmar que esta sería intrínseca al propio universo y que estaría presente desde el *big bang* (hace 13.800 millones de años). Habría así una protoconsciencia que evoluciona para perfeccionarse; de hecho, la vida también evoluciona *per se* para optimizar dicha consciencia. Los microtúbulos serían esenciales en este proceso. Según Hameroff, cada célula tiene consciencia, y pone como ejemplo ciertos organismos unicelulares que, a pesar de no presentar redes neuronales, exhiben un comportamiento inteligente. Sus aportaciones representan un punto de conexión con muchas de las grandes tradiciones de sabiduría y establecen un puente entre ciencia y espiritualidad.

Según la visión de diferentes tradiciones orientales, los estados expandidos de consciencia están relacionados con la apertura de diferentes centros energéticos distribuidos por el cuerpo (chakras y nadis en la tradición del yoga o puntos de acupuntura y meridianos en la medicina china). Son canales de bioinformación energética relacionados con una amplia gama de frecuencias de vibración en nuestro organismo. En una publicación conjunta con Deepak Chopra, «The Quantum Soul», en la que hablan acerca de las experiencias cercanas a la muerte, las experiencias extracorporales y la propia muerte, Hameroff va más lejos al afirmar que la información cuántica que constituye la consciencia es transferida a niveles más profundos de realidad en forma de fluctuaciones entrelazadas dentro de la propia geometría del espacio-tiempo, por lo tanto, es distribuida de forma no-local. Así pues, la consciencia acabaría formando parte del propio tejido espacio-temporal, dejando una huella imborrable en la realidad fundamental. El universo sería el contenedor de toda la información a la que podemos acceder haciéndola consciente, de manera que cada aspecto de dicha información expresaría un fragmento de la conciencia.

En cuanto al término conciencia, se utiliza para referirse a distintos conceptos. Uno sería el reconocimiento de aquello que está bien y de lo que está mal según un código social. Desde un sentido moral, también es posible hablar de la toma de conciencia social o política, que se puede definir como el conocimiento sobre los demás integrantes de su comunidad, y de la concienciación ecológica, que es la aceptación y el intento por cambiar los efectos negativos producidos por el hombre en la naturaleza. Esta conceptualización de la conciencia es una extensión de la expresión de la moral. Otra acepción sería como expresión de lo intangible y esencial, donde la conciencia no sería abordable desde el plano material, pudiendo acceder solo a sus manifestaciones. Todo lo que construimos en esta dimensión que constituye la vida es una visión fragmentada de la conciencia, una visión basada en la dualidad.

El budismo ve la continuidad eterna de nuestra vida, más allá de los ciclos del nacimiento y de la muerte. Tal perspectiva sobre los seres humanos es el fruto de miles de años de intensa investigación introspectiva sobre la naturaleza de la conciencia. En dicha tradición se habla de nueve conciencias, como nueve niveles que constantemente se manifiestan en el desarrollo de la vida. Existiría una conciencia relacionada con los sentidos; así, los primeros cinco niveles se correlacionan con la percepción recibida a través de cada uno de ellos, es decir, consideran que hay una conciencia del tacto, de la vista, del olfato, del gusto y del oído. El sexto nivel hace referencia a una conciencia integrada por todos los sentidos, es la función que incorpora y procesa los datos sensoriales para formar una imagen o un pensamiento completos, identificando lo que cada uno de los cinco sentidos nos está comunicando. Básicamente, con estas seis funciones desarrollamos nuestras actividades diarias y gracias a ellas se construyen los pensamientos.

El séptimo nivel sería el de la conciencia que permite discernir, darse cuenta. A diferencia de las capas de conciencia que están dirigidas hacia el mundo exterior, esta se orienta hacia nuestra vida interior y es totalmente independiente de los datos que proporcionan los sentidos. La séptima conciencia es la base de nuestra noción de identidad individual, del apego a un yo distinto y separado de los demás y de nuestro sentido del bien y del mal. En este nivel se alberga el miedo a la muerte, ya que tiene sus raíces en las profundas capas del inconsciente, donde reside la dificultad para aceptar nuestra impermanencia.

Llegamos al octavo nivel, que expresa todo lo experimentado y todo lo acumulado en las memorias, no solo en la individual. Mientras que las primeras siete conciencias desaparecen con la muerte, para el budismo tibetano, la octava conciencia persiste a través de los ciclos de la vida activa y en el estado intermedio de la muerte. Se la puede concebir como la corriente de la vida que sostiene las actividades de las otras conciencias. Teniendo en cuenta todo lo expuesto, podría afirmarse, según la visión tibetana, que las experiencias que relatan las personas que estuvieron en estado de muerte clínica y luego revivieron habrían tenido lugar en la línea entre la séptima y la octava conciencias. El budismo plantea que nuestros pensamientos, palabras y acciones graban invariablemente una impresión en las profundas capas de la octava conciencia. Es lo que denominan karma. Por esta razón la octava conciencia recibe a veces el nombre de «depósito del karma». Esta energía que llaman karma se manifiesta cuando las condiciones son propicias, por ejemplo, confianza, no violencia, autocontrol, misericordia y sabiduría.

Dado que la octava conciencia trasciende los límites del individuo, su interacción con la energía latente de la familia, la sociedad y también con los animales y las plantas podría ayudar a que se produjera un cambio positivo en el conjunto, convirtiéndose en el engranaje para el cambio a mejor en la vida de los demás. La sabiduría inherente de la octava conciencia nos permite percibirnos a nosotros mismos, así como nuestras experiencias y otros fenómenos, con perfecta claridad y apreciar profundamente la interconexión e interdependencia de todas las cosas. Además, a medida que los distintos niveles de conciencia se van transformando, se van creando formas únicas de sabiduría.

Quiero hacer un inciso para conectar dos conceptos ya vistos: la correspondencia entre los niveles sexto y séptimo y su conexión con el octavo conformarían lo que se denomina mente en el lenguaje occidental. Subiendo un peldaño más se alcanza el noveno nivel, donde se produce la disolución de la dualidad. Se trata de la conciencia plena o pura. En el budismo, la dualidad materia-conciencia, o, como nosotros le llamamos, el problema mente/cuerpo, es un problema falso, dado que ninguno de ellos tiene una existencia inherente e independiente. Como vemos, la concepción del budismo es radicalmente diferente de la del dualismo cartesiano (más común en Occidente), que postula, por un lado, una realidad material sólida verdaderamente existente y, por otro, una conciencia inmaterial que carece de conexión real alguna con la materia.

## Alma

Con una visión similar al concepto budista de conciencia pura, la noción de alma y su relación con el cuerpo ha sido uno de los temas recurrentes, en términos espirituales y filosóficos, en el mundo occidental. Nuevamente, el concepto de alma varía según las ideologías que lo aborden y va mutando con el tiempo.

Los antiguos egipcios, por ejemplo, creían en un alma dual en la que residía, por una parte, el ka o respiro, que se quedaba cerca del cuerpo cuando este moría, y, por otra, el ba, que se definía como el espíritu que viajaba al reino de los muertos cuando se separaba del cuerpo.

El taoísmo chino también define dos tipos de almas que conviven en un cuerpo: po, alma yin más baja y sensible que desaparece con la muerte, y hun, alma yang que sobrevive a la muerte y constituye el principio del culto a los antepasados.

Por su parte, el hinduismo cree en un alma universal y eterna llamada atman, que significa respiro y alma, y en otra individual que, a pesar de pertenecer a atman, se encierra en un cuerpo terrenal desde su nacimiento y pasa a otra existencia determinada por el karma cuando el cuerpo muere.

El budismo, en cambio, afirma que la creencia en la existencia de un alma individual y eterna, que es parte de un ser universal y persistente, es una mera ilusión.

En la antigua Grecia se desarrollaron otras corrientes que trataban de definir el alma, destacando la propuesta por Epicuro, quien aseguraba que el alma estaba hecha de átomos, como el resto del cuerpo, y que, por lo tanto, ambos eran mortales.

Los platónicos creían en la inmortalidad del alma; para ellos, se trataba de una sustancia inmaterial e incorporal que se relacionaba con los dioses, pero manteniendo su interacción con el mundo del cambio, como una característica de la dinámica de la vida y del ser.

El cristianismo toma esta idea del alma de los antiguos griegos gracias a la difusión de san Agustín, que hacía la analogía del «alma que monta al cuerpo». Desde una perspectiva cristiana, el alma es la esencia inmaterial que define la individualidad y su humanidad. El alma es considerada el principio que da vida. Para el cristianismo, se trata de una parte del individuo que contiene una porción divina y que, se cree, sobrevive a la muerte del cuerpo. Aunque la Biblia no hace en ningún momento una definición precisa, sí distingue el alma de otras partes del ser humano, considerándola separada del cuerpo, de la mente y del espíritu.

## Intención y atención

Hay dos aspectos que influyen en nuestras actitudes frente al mundo y que también suelen prestarse a confusión: la intención y la atención.

Llamamos intención a la determinación o propósito con el que una persona realiza una acción, al interés que muestra en lograr un objetivo, independientemente de alcanzarlo o no. Lo intencional es consciente. La filosofía define la intencionalidad como la relación entre la conciencia y el mundo. Esto quiere decir que está vinculada a la actividad de la mente en referencia a un objeto.

Por su parte, la atención es el proceso psicológico básico e indispensable para el procesamiento de la información. Está sustentado por un complejo sistema neuronal encargado de controlar toda actividad mental. Es la atención la que nos permite seleccionar y procesar un estímulo para responder de manera efectiva dejando de lado otros. Se trata, por tanto, de una habilidad a través de la cual las personas somos capaces de seleccionar la información relevante del total de la que disponemos. Dedicaremos un capítulo más adelante para profundizar en este tema.

## Yo y ego

A lo largo de la historia, la definición del yo se ha relacionado con otros términos como psique, ser, alma o conciencia. Para las concepciones clásicas, el yo ha sido una sustancia, ya sea un alma sustancial o meramente una cosa. Otras teorías niegan toda sustancialidad del yo, considerándolo un mero epifenómeno, una función o un complejo de sensaciones e impresiones. También han existido teorías que han buscado una solución ecléctica intermedia o que se han fundado sobre algún otro principio divergente. Sea como fuere, el concepto del yo, como es de esperar, ha ocupado un lugar central en la obra de numerosos filósofos, por ejemplo, en la enunciación original del *cogito ergo sum* («pienso, luego existo») hecha por Descartes, que trata de probar la independencia del alma o mente con respecto al cuerpo, al que identifica con el yo.

Para Schopenhauer, uno de los filósofos más destacados del siglo XIX, el yo que percibimos no es más que una ilusión, una representación superficial de algo mucho más profundo y enigmático: la voluntad. Esta voluntad, según él, es una fuerza material e inconsciente que subyace en todo lo que existe y que impulsa nuestras acciones y deseos, aunque no siempre seamos conscientes de ello. Lo fascinante de su pensamiento es cómo conecta tradiciones filosóficas y espirituales aparentemente distantes como el budismo, el hinduismo y el taoísmo. Schopenhauer compartía con estas tradiciones la idea de que el mundo que experimentamos a través de los sentidos es, en cierto modo, una ilusión. En el budismo, por ejemplo, se habla de maya, la apariencia engañosa de la realidad, mientras que en el hinduismo se explora la naturaleza ilusoria del mundo material. Schopenhauer retoma estos conceptos y los integra en su propia filosofía, sugiriendo que nuestra percepción de la realidad es una especie de velo que oculta la verdadera esencia de las cosas.

Posteriormente, toman relevancia las aportaciones a la psicología de Carl Gustav Jung, para quien el concepto del yo se refiere a la parte consciente de la personalidad, que actúa como el centro de la experiencia subjetiva de un individuo. Es la visión que tiene cada uno sobre sí mismo. A partir de esa estructura se organizan las experiencias de cada persona y se generan los mapas de referencia que van a condicionar su comportamiento. Sin embargo, aunque el yo se manifiesta en esta realidad, hay una influencia, por un lado, de lo que llama el inconsciente personal, donde se almacenan las experiencias olvidadas, y, por otro, el hecho de que el yo expresa los patrones universales que el ser humano comparte, que denomina arquetipos y forman parte del inconsciente colectivo.

Volviendo a las filosofías místicas orientales, particularmente al budismo, el yo se consideraría una ilusión. Esta ilusión estriba en que todas las cosas son compuestas y transitorias, carentes de existencia intrínseca. El yo se presenta como una especie de velo de la mente que induce al sujeto a identificarse con su experiencia, aferrándose a ella y provocándole sufrimiento.

Tras este abordaje de las distintas conceptualizaciones sobre la mente, la conciencia y los conceptos afines a ellas, podemos concluir, como un acuerdo a la hora de la utilización de algunos términos a lo largo del texto, que:

- La mente es una cualidad del cerebro que desaparece cuando este está inactivo o muere. Siempre es dual.
- La consciencia es el proceso de darse cuenta, una actividad de la mente, como el pensamiento, la intención y la atención.
- El cerebro es el órgano físico que actúa como interfaz bidireccional entre mente y conciencia. Mantiene los mapas de la memoria y se relaciona con el mundo exterior a través de los sentidos y con el interior, por una red compleja e interconectada.

La conciencia está fuera del cuerpo y recibe diferentes nombres según las tradiciones; alma, espíritu, tao, universo, dios. Conocemos sus manifestaciones a través de las experiencias que percibe la mente, que son solo fragmentos de información accesibles, y se caracteriza por su ausencia de dualidad.

En los capítulos siguientes exploraremos de forma detallada todos estos conceptos que hemos planteado e iremos viendo la vinculación que tienen con la propia vida y con el proceso de morir.

# 2

# Un paseo por la historia de la mente y la conciencia

La distinción entre el pasado, el presente y el futuro es solo una ilusión obstinadamente persistente.

ALBERT EINSTEIN

Sabemos que hay algo más allá, pero la realidad es que solo nos podemos acercar a su comprensión desde el más acá. Resulta imposible comprender lo ilimitado desde las limitaciones de nuestra mente. Lo que nos es accesible es tan solo un fragmento de esa totalidad a la que llamamos conciencia. El hecho indiscutible de nuestra mortalidad y nuestra necesidad de trascenderla, pues es imposible evitarla, ha generado en el ser humano esa búsqueda de explicación del misterio de la vida y de la muerte. Ante las dificultades de encontrar respuestas claras, una forma habitual de relacionarse con el misterio es tratar de ignorarlo, un comportamiento habitual en nuestras sociedades. Sin embargo, la cuestión no deja de estar presente.

A lo largo de la historia, la visión de la interacción entre la mente, el cuerpo, el entorno y la conciencia ha ido variando. La naturaleza de la conciencia y su relación con la materia y el espíritu ha dado lugar a diversas corrientes que han tratado de explicarla y han constituido diferentes formas de intentar entender el mundo que nos rodea. Unas se han centrado en el supuesto de que la realidad es completamente física y todo se puede explicar desde una perspectiva materialista; otras la han abordado desde una visión dualista, aceptando que hay una interacción entre la mente y la materia, aunque estas estén diferenciadas; y algunas han dado explicaciones basadas en la relación subordinada de esta realidad con un nivel superior, ya sea espiritual o no físico.

Vivimos en un mundo marcado por visiones fragmentadas de la realidad, en un clima de guerras culturales y económicas, y envueltos en miles de paradigmas que muchas veces son incluso contradictorios. Los diversos modelos culturales alimentan la separación entre individuos, generando un importante desequilibrio entre los seres humanos y la naturaleza que habitamos. Por un lado, las religiones ofrecen modelos basados en creencias y en la fe para tratar de hacerse con el patrimonio de la espiritualidad —sus estructuras eclesiásticas compiten por imponer sus dogmas y por acumular poder para extenderse—, perdiendo de vista una posible esencia común y transversal, que es sustituida por intolerancia hacia las otras, y generando una discordancia entre lo que predican y sus comportamientos. Con otra mirada, la ciencia explora todos estos campos y busca un modelo que permita entender las leyes que rigen el universo y una explicación, una teoría, que incluya todos los aspectos. Obviamente, este objetivo se antoja ciertamente difícil de alcanzar y, de momento, la ciencia moderna parece estancada en la tarea de reducir la totalidad —que incluiría la materia, la vida, la mente, el alma, el espíritu y todo aquello que reconocemos como parte de ella— a su aspecto meramente material y mesurable.

Así pues, es imposible no echar en falta una visión integral que nos ayude a entender el mundo en su versión más completa. Ante preguntas como ¿por qué existe el universo en vez de la nada? o ¿por qué ocurren las cosas?, el ser humano ha tomado a lo largo de la historia dos caminos: el abordaje científico, que acepta que el universo simplemente es, y la espiritualidad, según la cual detrás de lo visible hay un orden más amplio y elevado. Afortunadamente, en la actualidad, estos caminos de ciencia y espiritualidad, que durante muchísimos años se han dibujado de forma divergente, buscan un encuentro. De hecho, se están desarrollando nuevas ciencias sistémicas, con una visión holística y ecológica, que, conforme evolucionan, se van aproximando hacia ese concepto de totalidad.

Estas ciencias representan un nuevo paradigma evolutivo que abarca los tres grandes reinos: el universo material, el mundo de los seres vivos y la historia que los conecta. Los resultados que alcanzan estas ciencias proporcionan pruebas relevantes de que los ámbitos físicos, biológicos y sociales no solo no son tan independientes como se ha dicho, sino que están interconectados. En vez de abordar los aspectos que los separan y los diferencian, exploran los vínculos que los hacen interdependientes y que, en su evolución, cada dominio prepara el terreno para el siguiente. La propuesta de estas nuevas ciencias sistémicas evolutivas es que, sea cual sea la naturaleza de los dominios de la materia, la vida, la mente o la conciencia, todo está conectado, ya que todos expresan las mismas leyes generales en sus patrones dinámicos.

Sin olvidar que la actitud de la humanidad ante la muerte es diferente en cada época histórica, podemos afirmar, observando los restos arqueológicos de la prehistoria, que la preocupación por el fin de la vida se remonta a los orígenes del Neolítico, siendo la conciencia de muerte uno de los rasgos que nos distingue como seres humanos. Por supuesto, esta tentativa de abordar la totalidad de una forma integral no es nueva, lo que refuerza la idea de que la búsqueda trascendental es intrínseca al hombre. Las antiguas tradiciones de sabiduría desarrolladas en Asia o la cultura griega, con Platón y Aristóteles, aceptaban que la manifestación del ser era una expresión que conectaba de manera perfecta, continua e ininterrumpida la materia, la vida, la mente, el alma y el espíritu. Es más, cada uno de estos aspectos se estudiaba desde la física, la biología, la teología y la mística.

Ahora bien, quiero poner énfasis en una de las culturas que más profundizó en la preocupación por la muerte y la conciencia: la cultura egipcia, unos cinco mil años antes de la era cristiana. Entre sus escritos más conocidos se encuentra su Libro de los Muertos, un conjunto de textos para ayudar al alma de la persona difunta a alcanzar la otra vida, que consideraban eterna. Para ellos, el más allá era una prolongación de la vida terrenal, un lugar paradisiaco al que se podía llegar tras someter a juicio el comportamiento en vida. Como era fundamental que el alma pasara el juicio de lo que ellos simbolizaban como el pesaje del corazón, había que saber cómo actuar y qué decir frente a Osiris, Thot, Anubis y los Cuarenta y Dos jueces. En una balanza, comparaban el peso del corazón con el de una pluma blanca, la pluma de Maat, la pluma de la verdad. Si resolvían que el corazón pesaba menos que la pluma, el alma continuaba hacia el paraíso; si resultaba que pesaba más, se arrojaba al suelo, donde lo devoraba la diosa castigadora Ammut, y el alma dejaba de existir.

Dentro de esa búsqueda de lo sutil, los egipcios utilizaban diferentes técnicas, entre ellas, la de abandonar el cuerpo, comunicarse con los muertos y participar en un proceso llamado incubación, que implicaba buscar información a través de los sueños o aprovechar estados alterados de conciencia, como el onírico, para tener determinadas experiencias y adquirir conocimientos. Algunas de estas técnicas han vuelto a tomar relevancia en la psicología moderna, con las aportaciones de Carl Jung y el desarrollo de la llamada psicología transpersonal.

Probablemente, entre los relatos más antiguos en los que se aborda el tema de la conciencia, se encuentran los textos védicos de la India, escritos aproximadamente en el 1500 a. C. En ellos se acuñaron términos como nirvana, un estado que trascendía las limitaciones del ser humano y su consciencia limitada de las experiencias en esta realidad. Alcanzar esta dimensión constituía un objetivo de la vida terrenal. Para ello, había que transitar por la experiencia material de maya, al que consideraban el mundo físico e ilusorio, aquel en el que la persona experimentaba a través de los sentidos. En las tradiciones védicas, el atman es el concepto para definir el alma o el espíritu, propios de cada individuo, mientras que el brahman hace referencia a la dimensión universal del espíritu, que se manifiesta en el llamado campo akáshico y que va más allá de esos sentidos a los que estamos acostumbrados. Como avanzaba unos párrafos atrás, estamos en un momento clave en el que se están haciendo varios intentos de abordar la trascendencia desde distintas parcelas. Y, de hecho, esta antigua teoría de la akasha toma relevancia en la actualidad con las aportaciones del científico y filósofo (y pianista) Ervin Laszlo, que relaciona estos campos con la física cuántica, tratando de ofrecer esa visión integral que nos acerque a la teoría del todo. Se hace evidente así que los textos védicos han tenido una gran influencia en la ciencia, la filosofía y la espiritualidad occidentales.

En la antigua China también se abordaron los temas de la mente y la conciencia. Pensadores como Confucio o Lao-Tse (ambos del siglo VI a. C.) dejaron constancia de ello en sus escritos. El primero trató los aspectos físicos del cuerpo, la forma en que nos manifestamos a lo largo de la vida. Lao Tse, en su libro *Tao Te Ching*, aún de gran actualidad, habló de las maneras de relacionar nuestro mundo interior con el exterior y con lo no físico, conceptos como el chi, energía que mueve todo, el yin y el yang, que definen los aspectos complementarios y duales con que se manifiesta la mente, o el tao, la dimensión sutil, intangible, inaprensible y no dual que escapa a las nociones de tiempo y espacio y que correspondería a la visión de la conciencia. El tao es el principio de todas las cosas y de su división surgen el yin y el yang, lo femenino y lo masculino, para dar forma a todo lo material; en sus sucesivas divisiones se manifiesta como los infinitos aspectos de la realidad. Asimismo, te sería el término con que en China se definía la fuerza vital y ching hacía referencia a lo clásico, lo impermanente.

Por su parte, las culturas griega y romana nos ofrecen una rica discusión sobre los conceptos de espíritu, alma, realidad, mente y conciencia. Alcmeón, un médico del siglo VI a. C., fue el primero que dictaminó que las funciones psíquicas residen en el cerebro. Se basó para ello en la observación clínica y en pruebas experimentales que le permitieron comprender que los órganos de los sentidos estaban unidos al cerebro por unas vías de comunicación que él llamó «canales» y que hoy conocemos como nervios. Impregnado de esta filosofía, Hipócrates, considerado uno de los más destacados exponentes de la medicina, propuso un enfoque terapéutico basado en el poder curativo de la naturaleza. Según su doctrina, el cuerpo contenía de forma natural el poder intrínseco de sanarse y cuidarse. La terapia hipocrática se concentraba simplemente en facilitar ese proceso natural, para lo cual el reposo era imprescindible.

Coincidiendo en el tiempo, y en contraste con otros aspectos con más carga materialista, la influencia de los estados psíquicos y las manifestaciones de los estados alterados de conciencia trascendieron a lo cotidiano a través de adivinadores y médiums. Un centro de gran importancia fue Delfos (al sur de Grecia), cuyo oráculo entraba en contacto con el más allá para decidir actitudes de la vida diaria.

En un punto intermedio se encontraba Pitágoras, filósofo, matemático y fundador de la hermandad pitagórica, con influencia política y mística, que partía de la consideración de que la realidad tenía una naturaleza numérica. Al mismo tiempo, con sus prácticas, buscaba la purificación espiritual y la fusión del alma humana con lo divino.

La cultura griega nos ha dejado otros muchos referentes. Para Sócrates, uno de esos personajes ineludibles, la percepción, basada en un mundo externo, no era la fuente primaria de nuestro conocimiento y comprensión; él creía que estos se encontraban en nuestro interior y que era la mente la que los organizaba a través de la razón. Profundizando en sus planteamientos, Platón, su discípulo más importante, nos legó la idea de que somos portadores de un alma divina que está en el corazón y que sobrevive a la muerte física. Según Platón, existe un nivel trascendental de realidad compuesto de formas e ideas; su visión era dualista, con una clara distinción entre el mundo sensible y el mundo inteligible. El mundo sensible es el mundo físico y se caracteriza por el cambio, no es más que apariencia, y a él se accede mediante los sentidos. El mundo inteligible, inmutable, es el de las ideas universales y necesarias, el mundo de lo esencial; por lo tanto, la esencia de las cosas se encuentra fuera de ellas.

Para explicar su dualismo ontológico, Platón recurrió al famoso mito de la caverna, una alegoría sobre el conocimiento. En ella, se muestra al ser humano encadenado dentro de una caverna desde su nacimiento; allí, lo único que ven son sombras reflejadas en la pared y, por lo tanto, piensan que esa es la realidad. Los prisioneros creen que lo que observan son objetos reales, no se dan cuenta de que son solo sus sombras. Cuando uno de ellos consigue liberarse de sus cadenas y sale de la cueva, observa la luz del fuego más allá del muro; su resplandor le ciega y casi le hace querer volver a la oscuridad. Pero, poco a poco, el hombre liberado se va acostumbrando a la luz y, con cierta dificultad, va avanzando; esto supone el primer paso en la adquisición de conocimiento. Ya en el exterior, observa el reflejo de las cosas y las personas e identifica qué es una ilusión y qué es real. De este modo, ve las cosas como son y admira así por primera vez las estrellas, la luna y el sol. Los prisioneros de la caverna son una metáfora de las personas que están atadas a sus percepciones y que niegan cualquier otra cosa que no venga de ellas. Las sombras son el mundo físico que perciben y que identifican como el conocimiento verdadero; sin embargo, aquello que observan no es más que un conocimiento subjetivo.

Continuando con la cadena de discípulos, Aristóteles, discípulo de Platón, adopta una postura totalmente crítica con el dualismo de su maestro. Para él solo hay un mundo verdadero, el mundo sensible, que está constituido por sustancias, compuestas a su vez de materia y forma o esencia. Por tanto, la auténtica realidad es lo concreto e individual, esto es, la sustancia y la esencia de las cosas están dentro de ellas y no separadas; por eso, los sentidos (y no la razón) son el origen de todo conocimiento. No existen, por tanto, las ideas innatas y solo a través de un proceso de abstracción es posible llegar a conocer la forma, lo universal. Del mismo modo, la imaginación es lo que genera la imagen mental, que es recogida por el entendimiento.

Al finalizar la Edad Antigua con la caída del Imperio romano, comienza lo que denominamos Edad Media, un periodo que duró diez siglos y que se caracterizó por ser una época de ignorancia marcada por las creencias, la superstición y la opresión social. Las religiones, fundamentalmente el cristianismo y la religión musulmana, impusieron sus dogmas y separaron a los individuos en dos clases sociales, los creyentes y los dirigentes. De aquella época quedan testimonios de cómo trataban a aquellos que proponían cualquier idea que se considerase opuesta a los dogmas oficiales. Fue el caso, por ejemplo, de la Inquisición en el cristianismo, un tribunal encargado de detectar y condenar a quienes se atrevían a cuestionar la doctrina de la Iglesia. El clero se había autoproclamado portador del conocimiento y guardián de la fe, y, entre otras cuestiones, la existencia del cielo cristiano, al que solo se podía acceder viviendo según sus normas, era algo indiscutible. Aunque en la Edad Media las disquisiciones sobre mente y conciencia quedaron en segundo plano, el tema de la muerte sí que tuvo un lugar privilegiado, y es interesante conocerlo.

Durante la Baja Edad Media, la muerte era considerada como un acto social. La sociedad medieval estaba muy en contacto con ella, pues la esperanza de vida era muy corta y la mortalidad infantil, muy alta. Afrontaban la muerte como algo natural que se vivía en torno a la casa; sabían que era inherente a la vida y así lo acataban. Cuando alguien enfermaba, se organizaba una ceremonia pública y la habitación del moribundo se llenaba de visitas de parientes, vecinos, amigos e incluso gente de la calle con la que apenas tenía relación que entraba para despedir al enfermo; hasta los niños acudían a dichas reuniones y jugaban alrededor del casi difunto. La muerte no suponía ningún drama, sino que se vivía como algo natural y en un lugar tan seguro como es el hogar. Asumían que era algo que ocurría tarde o temprano. Solamente la muerte súbita o inesperada provocaba espanto y se asociaba a una maldición.

Cuando alguien moría, la sociedad no perdía a un individuo, sino a un miembro de la comunidad, lo que suponía una amenaza para el grupo social cercano, que se tenía que reorganizar. El individuo que moría, y los vivos que lo rodeaban, asistían a un ritual solidario en el que se estrechaban los lazos de la colectividad y entre pasado y futuro. Aunque no mostraban demasiado las emociones, era una forma de naturalizar la muerte, una manera de la comunidad de proteger, acompañar y aliviar el dolor provocado por la pérdida del ser querido a través de ceremonias colectivas. En esta época de la historia no creían que con la desaparición del cuerpo finalizaba la vida de la persona, esta continuaba más allá de la vida terrenal, hasta la eternidad, siempre y cuando el individuo hubiera obrado bien.

Poco a poco, la concepción de la muerte fue cambiando y en la Alta Edad Media (entre el siglo XII y el final del siglo XV) la muerte ya se considera algo propio y la idea de colectividad va desapareciendo. Surge la preocupación por el individuo, pues se toma conciencia de que la muerte implica el fin y la descomposición. Esta transición hacia una conciencia individual está ligada al cambio en las creencias sobre la vida más allá de la muerte, en especial a la ideología impulsada por la Iglesia sobre el juicio final. Se desarrolló la idea de una distinción social y moral entre el bien y el mal aplicada a los actos individuales, los cuales se juzgaban en el lecho de muerte. La posibilidad de la condena y el castigo eterno provocó terror y dotó de dramatismo a esta nueva visión de la muerte.

Coincidiendo en el tiempo, la cultura musulmana conectó con las tradiciones de la antigua Grecia y tomó las ideas aristotélicas, desarrollando conceptos como el de energía radiante y su relación con la astrología y con áreas de efectos mágicos que la conciencia de uno podría tener sobre el propio cuerpo y sobre otras partes específicas del mundo físico. Sus instrucciones sobre el desarrollo de las facultades mentales para la salud personal, la curación y las hazañas mágicas de la mente sobre la materia tenían ciertas similitudes, también, con las enseñanzas y afirmaciones de los védicos hindúes y los taoístas chinos.

De esta época es interesante resaltar la presencia de una figura peculiar, la de Paracelso, un científico ocultista del siglo XVI que escribió sobre los fantasmas que aparecen después de la muerte. Paracelso utilizaba varias técnicas de adivinación y astrología, así como amuletos mágicos, talismanes y conjuros, y creía en una fuerza vital que irradiaba, alrededor de cada persona, una esfera luminosa y que actuaba a distancia. Con sus ideas trataba de tender un puente entre el mundo de la realidad física que incluye nuestros cuerpos y el de una realidad más amplia que incluye fuerzas, energía y modos de interacción y causalidad que trascienden la biología, la química y la física tradicionales.

Aunque el poder de la Iglesia no se perdió, a finales del siglo XV, tras crisis importantes como la de la peste negra y sus consecuencias, la sociedad comenzó a cambiar. Pero hay un momento definitivo en la evolución de las ideas sobre la mente, la consciencia, la conciencia y todos los atributos de los que estamos hablando, y no es otro que cuando emerge la figura de Galileo, que aborda el tema desde un punto de vista que pretende ser pragmático. Su modelo se basa en diferenciar lo que puede medirse de lo que no. Estas dos categorías se construyen considerando que lo medible es objetivo y, por lo tanto, principal, y que los fenómenos no medibles se consideran subjetivos y secundarios. Los antiguos conceptos y el escolasticismo aristotélico quedaron eclipsados después de que Galileo demostrara que la física aristotélica estaba equivocada. En 1633 fue condenado por sospecha de herejía y obligado a abjurar de sus ideas, imponiéndole un arresto domiciliario. Esta declaración lo libró de las garras de la Santa Inquisición, pero sus ideas acabaron imponiéndose. Ideas que permitían medir, contar y pesar las cosas de acuerdo con sus cualidades primarias: la masa, la duración en el tiempo y la distancia.

Durante el siglo XVII, la visión unificada y holística comenzó a desmoronarse con la emergencia de la ciencia moderna, proceso en el que fueron claves grandes referentes, cada uno en su campo, como Descartes en la filosofía y las matemáticas; Newton, con su aportación a las leyes de la gravitación y el movimiento; o Galileo, Kepler y Copérnico, con sus estudios sobre los planetas, sus relaciones y sus movimientos.

Tras el Renacimiento, periodo en el que surgieron muchas ideas (neoplatonismo, alquimia, hermetismo, pitagorismo o gnosis), Europa entró en una etapa, que duró muchos años, de gran agitación, con la Iglesia pugnando por conseguir la dominación política. La ciencia se convirtió en algo útil, especialmente para la guerra, y solo por eso debía ser aceptada. Así se estableció el *modus vivendi* dualista que separa el magisterio de la ciencia, que atiende a lo objetivo y material, del magisterio de la religión, asociado a lo subjetivo y espiritual, idea que se ha promovido como la más racional y que ha llegado hasta nuestros días. El principio de razón suficiente, causalidad o por qué suceden las cosas tenía que reducirse solo a la causa material, dejando que los estudios científicos se ocupasen de las otras tres causas clásicas aristotélicas (la causa formal, la causa final y la causa eficiente).

En todo el mundo, estas dos culturas todavía se reflejan en la división de los departamentos universitarios en ciencia-tecnología y artes-humanidades. Al definir su área de aplicaciones y especialización, la ciencia va creando su propio impacto en la historia y en la civilización. Descartes inventa la geometría analítica, unificando el álgebra y la geometría, y su filosofía dualista separa la mente de la materia. Entramos en la modernidad emancipados de los dogmas de las iglesias, pero el precio que se paga por ello es que todos los seres vivos quedan reducidos a máquinas. Las leyes de la naturaleza aplicadas a los seres humanos reemplazan la idea de un principio y la pregunta de quién o qué hace las leyes se convierte en una cuestión ajena a la ciencia.

La Ilustración puso el foco en el método científico y en el reduccionismo, predominando la fragmentación de los problemas y sistemas para encontrar una mejor solución. Al asentarse estos pensamientos en la sociedad, la distancia entre las iglesias y las ciencias empezaron a hacerse más y más grandes. Por eso es tan importante la figura de Kant, filósofo prusiano representante de la Ilustración que aborda la conciencia desde una perspectiva trascendental; es decir, se centra en las condiciones que hacen posible el conocimiento, más que en el conocimiento mismo. Para Kant, la conciencia no es un mero reflejo de la realidad, sino una estructura activa que organiza y da forma a la experiencia. Esto ocurre gracias a las categorías del entendimiento, que nos permiten organizar la información sensorial. Por ejemplo, conceptos como causa y efecto o sustancia son categorías que nuestra mente utiliza para dar sentido a lo que percibimos. Dichas categorías hacen posible la síntesis de lo múltiple, es decir, la unificación de las percepciones dispersas en una experiencia coherente. Kant llama a este proceso unidad de la percepción. Imagina que la mente es como un director de orquesta: toma las notas sueltas (las percepciones) y las organiza en una melodía coherente (la experiencia). Sin esta unidad, nuestra experiencia sería un caos de sensaciones desconectadas. Por eso, para Kant, la conciencia no solo refleja el mundo, sino que lo construye de manera activa, permitiéndonos tener un conocimiento objetivo y coherente.

A lo largo del siglo xx se ha desarrollado lo que se denomina el enfoque sistémico de la conciencia, estudios a los que han contribuido psicólogos como Charles Tart, una de cuyas tareas ha sido intentar definir y homogeneizar algunos de los términos utilizados habitualmente. Tart profundizó en el estudio de la conciencia, en particular de lo que conocemos como estados alterados, y es considerado como uno de los fundadores de la psicología transpersonal. Tart consideraba que la evidencia de lo paranormal era una vía para la unión de la ciencia y el espíritu, y trabajó para que se reconociera ese vínculo, integrando su conocimiento en herramientas orientales, como el aikido y la meditación, con su formación como científico occidental.

En el último cuarto del siglo xx surgieron también interesantes aproximaciones al estudio de la conciencia. Una de ellas es la llamada fenomenología, que se encarga del estudio de las estructuras de la conciencia tal como se experimentan desde el punto de vista de cada persona. Se parte de que la estructura central de una experiencia es su intencionalidad, ya que cada acto de conciencia que llevamos a cabo (o lo que es lo mismo, cada experiencia) se dirige hacia un objetivo o intención concretos. La fenomenología se centra en el estudio de los fenómenos, sus apariencias o la forma y el significado que tienen en nuestra experiencia abarcando las percepciones, los pensamientos, la memoria, la imaginación o las emociones sin dejar fuera las acciones y la actividad social. Muchos de estos aspectos ya se abordaban en las antiguas tradiciones de sabiduría, que ahondaban en la relación de la apariencia con la realidad que construimos.

Como suele ser habitual en el mundo occidental, los intentos disciplinados de estudiar la naturaleza de la conciencia acabaron por convertirse en escuelas con aproximaciones y filosofías diferentes. Es por eso por lo que, desde el punto de vista de la psicología, han aparecido diferentes escuelas o movimientos generales, pero he escogido algunas como representación y cierre de este viaje por la historia, imprescindible para saber dónde estamos integrando de dónde venimos.

El conductismo se caracteriza por limitar la importancia de la conciencia en favor de las conductas físicas y de los correlatos neurofisiológicos asociados, y propone que no existen estados mentales y que el objeto de estudio de la psicología debe ser la conducta humana. Por su parte, la psicología psicodinámica es una escuela que aboga por centrar la atención en la relación entre los contenidos y los procesos conscientes y, especialmente, los inconscientes, ya que considera que estos son los responsables de gran parte de nuestros actos.

Otra corriente que merece mención es la psicología humanista, cuyo principal exponente fue Abraham Maslow, un psicólogo californiano que planteó un modelo basado en lo que llamó la pirámide de las necesidades. En la base de la pirámide se ubican las necesidades primarias del ser humano; una vez cubiertas, la persona evoluciona en su desarrollo personal hasta su autorrealización. Las ideas de Maslow sobre la mente han tenido una influencia importante en el conocimiento del comportamiento humano.

Una escuela que ha abordado el tema de la mente, y que seguro que nos resulta familiar, es la llamada psicología transpersonal, que trata sobre la naturaleza de la conciencia humana y sobre la relación de esta con una realidad trascendental más amplia que, en sí misma, puede ser una continuación de la conciencia más allá de los límites del individuo y del ego. Su principal representante es Carl Gustav Jung, alumno de Sigmund Freud, de cuyas teorías se fue apartando progresivamente. Jung creó los conceptos de inconsciente personal e inconsciente colectivo y se podría decir que sus teorías suponen una integración de la tradición tibetana y de la cultura árabe. Algunas de sus aportaciones, como el concepto de sincronicidad, definido como la coincidencia temporal de dos o más sucesos ocurridos en distintos planos, entroncan con los estudios modernos de la física cuántica. Igualmente, sus contribuciones al estudio de la conciencia y su relación con los sueños, así como el desarrollo de su modelo sobre los arquetipos como aspectos de los sueños que revelaban tanto el inconsciente personal como el colectivo, siguen estando muy presentes en la actualidad.

Por último, otra corriente que sigue siendo relevante hoy es el denominado movimiento cognitivo, que intenta explicar los procesos mentales conscientes e inconscientes en términos de procesamiento de información, analizando el papel de los sentidos y el cerebro. Este movimiento relativamente nuevo ha llegado a dominar la actividad científica del siglo XX y principios del XXI, centrada en la comprensión de la conciencia y los procesos mentales y fisiológicos asociados. Nos ocuparemos de esta área en otro capítulo, porque es sumamente interesante.

# 3

# Apariencia y realidad

Solamente podemos llegar a conocer las cosas si
no esperamos que sean cognoscibles solo a través de abstracciones.

EMILIOS BOURATINOS

Desde el principio de los tiempos, hemos buscado comprender la
naturaleza fundamental de la realidad y saber qué hay detrás de
los fenómenos o qué es realmente la realidad. Que algo sea real
requiere aceptar que su existencia es independiente y no algo potencial o imaginario. Normalmente pensamos que algo existe o no
existe. Si existe, entonces podemos verlo o escucharlo; es algo que
tiene una apariencia, que puede percibirse y captarse conceptualmente. Si no existe, entonces no hay nada que percibir o conceptualizar, hay tan solo una ausencia de ser.

Sin embargo, la solidez de esos objetos que consideramos reales comienza a desmoronarse cuando los examinamos más de cerca. Nuestra percepción se va transformando paso a paso a través
de un proceso que descompone el objeto en partes diferentes cada
vez más pequeñas y luego, en absolutamente nada. En espacio
vacío. Nuestra percepción nos permite interactuar con un mundo
material al cual vamos dando forma, y ese lugar al que llamamos

espacio y que consideramos vacío lo llenamos dinámicamente, creando referencias para movernos en él. Así, transformamos cada lugar en un sitio con una densidad que, al menos en apariencia, puede ser contada, medida y pesada. Damos forma al espacio, y el espacio, con su cualidad adaptativa, nos deja también tomar forma dentro de él, sin condiciones.

Este proceso nos lleva a construir lo que denominamos realidad y gracias a nuestra capacidad sensorial creamos todo lo que aparece en una dimensión donde inicialmente no había nada. La concepción del espacio como un medio para percibir todo aquello que lo llena se basa en la idea de que cualquier forma está separada de otra por un espacio intangible e imperceptible para nuestros sentidos. De este modo, el espacio se percibe como un elemento que separa las cosas, haciéndonos sentir que cada forma es distinta de las demás. Esta visión de los objetos, las formas y los seres refuerza la idea de que cada uno existe con límites propios dentro de un espacio vacío, como si cada objeto tuviera un principio y un fin.

Por eso no es de extrañar que tendamos a creer que somos seres independientes, con características únicas e individuales, lo que a su vez nos impulsa a destacar dichos rasgos para acentuar nuestras diferencias respecto a los demás. Sin embargo, este enfoque en lo material nos plantea un desafío que difícilmente podemos resolver: la forma, por más que intentemos mantenerla estable, cambia constantemente, lo que nos obliga a considerar otro aspecto esencial, la impermanencia.

Dentro del espacio que consideramos vacío, las formas están en continuo cambio. A las tres dimensiones que nos permiten conocer los objetos (altura, anchura y profundidad) se suma el tiempo, que nos coloca en el momento en que algo toma forma y nos exige tenerlo en consideración para reconocer que lo que es lo es solo en ese instante. Cada forma es efímera y requiere del tiempo para adquirir una característica de realidad, aunque esta sea provisional y válida solo en la dimensión en que es observada.

La manera en que habitualmente nos relacionamos con la forma, el espacio y el tiempo, con una visión de la realidad como algo objetivo y permanente, es fuente de sufrimiento y miedo. Y la razón por la que esto ocurre es muy sencilla: vivir tratando de evitar el cambio es vivir intentando eludir algo consustancial a la vida. Mantener referencias que nos permitan movernos con seguridad en un entorno de cambio constante puede ser útil, pero debemos reconocer la impermanencia de las cosas y comprender que las referencias son creaciones nuestras destinadas a darle sentido y dirección a nuestra intención. Ahora bien, cuando alcanzamos la etapa final y encontramos el espacio, la conciencia se transforma. Ya no es una conciencia que percibe, porque el objeto de percepción y el acto de la percepción quedan suspendidos.

La existencia verdadera del objeto ya no está ahí; en su lugar, lo que hay es una apariencia transparente y un darse cuenta igualmente transparente. No hay una existencia sólida en ningún lado, y sin ella no hay manera de delinear o definir una identidad. Por tanto, la separación entre el yo y el otro, entre el sujeto y el objeto, se vuelve ilusoria. Esto nos lleva a inferir que, en lugar de concebir el espacio como algo que nos separa, podríamos beneficiarnos al percibirlo como un elemento que nos conecta. Es más, en realidad, el espacio que consideramos vacío está lleno de todo lo que podría ser percibido en un momento dado; ese todo contiene cada unidad, y cada unidad está contenida en el todo. El mensaje es que si logramos conectar con ese espacio que llamamos vacío, nuestra forma impermanente puede disolverse, trascendiendo lo que nos limita, para dejar de ser y volver al ser que siempre hemos sido.

Ese lugar intangible es el escenario en donde se manifiestan las experiencias que nuestros sentidos detectan para crear referencias y, al mismo tiempo, es el lugar que nos conecta con la totalidad. Si logramos percibir ese espacio como un vínculo que nos mantiene unidos a todo, sintiéndonos parte de un todo común, cambiaríamos la individualidad por la solidaridad, la competitividad por la cooperación, el control por la confianza, el miedo por el amor.

Como seres orgánicos, estamos constituidos por partículas que se entrelazan para formar estructuras definidas y cambiantes, y cuanto más profundizamos en el reconocimiento de estos constituyentes fundamentales, más fragmentos con características similares encontramos, en los cuales toda forma puede estar contenida. Aunque nos diferenciemos físicamente por aspectos como el color, la edad o la complexión, si exploramos los componentes fundamentales, veremos que todos estamos conformados por partículas simples y compartimos una esencia común.

Como herramientas de vida para poder trascender las limitaciones de lo aparente y alcanzar una comprensión profunda de la realidad que construimos, la tradición tibetana plantea varias etapas. Una primera fase se basa en el estudio, ya sea a través de escritos o de una actitud abierta para escuchar, sin prejuicios, toda la información que nos llegue desde la experiencia de aquellos que quieran compartir su conocimiento con nosotros. La clave es escuchar con una mente abierta y atenta, ya que es fundamental que cuando aparezca la oportunidad de aprender, la aprovechemos con la confianza de que siempre hay algo que nos puede ser útil. Esto requiere una actitud libre de prejuicios y proyecciones. A esta primera fase le sigue una segunda etapa en la que reflexionar sobre los conocimientos adquiridos y pasar de la teoría a la práctica aplicándolos en la vida cotidiana. El paso de lo conceptual a lo vivencial nos permite ampliar nuestra experiencia y dar sentido a lo que hacemos. Y, por último, se da una tercera etapa para explorar nuestros patrones de conducta, revisando y analizando de forma rigurosa los fenómenos y centrándonos en lo ocurrido a lo largo de un día, de una semana o de cualquier otro periodo. De esta manera tendremos una visión muy completa de nuestros prejuicios, que suelen ser el obstáculo habitual que nos impide penetrar en el conocimiento auténtico de nuestra esencia.

Sé que esta no va a ser la primera vez que escuches hablar de los beneficios de la práctica que voy a recomendarte, pero es importante darle un espacio específico. La meditación es clave en todo este proceso. En un primer nivel, desarrollaremos nuestra capacidad de focalizar la atención, de dirigirla hacia un objeto (cada uno puede elegir el que le resulte más sencillo); habitualmente funciona muy bien utilizar la secuencia de la respiración, incluso contando cada movimiento de inspirar y exhalar, y volviendo a empezar cada vez que la atención se pierda.

Progresivamente, y con la repetición, nos irá resultando más sencillo y, al cabo de un tiempo, podremos pasar a una práctica consistente en darse cuenta. Digamos que la visión deja de estar centrada en algo específico para percibir todo el espacio en el que el objeto de nuestra atención está contenido. De esta manera, nuestra mente se abre y puede acceder a niveles más complejos de la conciencia por medio de la consciencia, del darse cuenta.

Este tipo de meditación tiene como objetivo enseñar a ver las cosas tal como son. La meditación que utiliza la concentración se denomina en las antiguas tradiciones samatha, mientras que la que trabaja sobre el darse cuenta se llama vipassana; sintetizando mucho, podemos decir que una trabaja sobre la forma y la otra, sobre su disolución.

## La realidad y sus aproximaciones científicas

El pensamiento oriental considera al hombre una manifestación específica de una conciencia universal y, por tanto, promulga que no es el originador de la conciencia, sino solamente la manifestación de una conciencia preexistente. En otra dirección, la concepción científica de la realidad como algo objetivo se ha mantenido separada, a lo largo del tiempo, de la visión de lo intangible como algo subjetivo. Sin embargo, al tratar de profundizar en el conocimiento de lo que llamamos realidad, la ciencia ha ido adentrándose en el misterio, descubriendo y describiendo muchos de los mecanismos a través de los que construimos la realidad con la información recogida por los sentidos y el papel del cerebro en su interpretación.

Para David Bohm (famoso físico teórico y filósofo americano cuyas aportaciones a la física cuántica y a la teoría de la relatividad han sido fundamentales), la idea de separar al sujeto de lo que percibe no es sostenible. Los conocimientos científicos relativos a la naturaleza y la función del cerebro como sede del pensamiento sugieren que tal división entre el observador y lo observado no puede mantenerse con fundamento. La consciencia tiene su propio fluir, y Bohm se preguntaba si no cabría pensar que era también parte de la misma realidad como un todo, y si eso supondría que una parte de la realidad conoce a la otra, de la que forma parte. Aquí se expresa lo que parecen dos realidades irreconciliables, lo que Schopenhauer llamó, sugestivamente, el nudo del mundo, la separación entre sujeto y objeto que se desaparece en el enigmático acto consciente. Según Bohm, existen en el universo dos órdenes: el orden explicado, cuya característica primordial es la diversidad, y el orden implicado, cuyo rasgo esencial es la unidad, una realidad subyacente en la que todas las cosas están interconectadas y unificadas. Este orden oculto da lugar a lo que percibimos como el mundo explícito, el orden explicado, a través de un proceso dinámico que él llamó el holomovimiento, un concepto radicalmente diferente de las ideas convencionalmente aceptadas.

Veamos en qué consiste.

En el universo de Bohm, mente y materia no son distintas; más bien, son diferentes aspectos del mismo flujo subyacente de la realidad. Para él, esta unidad se extendía incluso a los ámbitos de la conciencia y de la existencia material, desafiando la visión determinista de la naturaleza que dominaba en su época. Según este modelo, el cerebro funciona de manera similar a un holograma, en concordancia con los principios matemáticos de la física cuántica y las características de patrones de onda. Las aportaciones de Bohm ofrecen un aspecto de la realidad que trasciende las apariencias y nos lleva a reconocer la profunda unidad que subyace en todas las cosas.

En la misma línea de observación de la realidad, tratando de comprenderla, alguien como Einstein se hacía la famosa pregunta de si la luna existe cuando nadie la mira. De alguna manera, no estaba en absoluto satisfecho con la teoría cuántica y sus fundamentos probabilísticos inherentes, ya que cuestionaba si en verdad se trataba de una teoría realista, es decir, una teoría en la que las magnitudes físicas tenían valores bien definidos. En su opinión, los elementos subjetivos de la mecánica cuántica serían perjudiciales para considerar la existencia objetiva de la realidad. Pero lo cierto es que esta pregunta aún está por responder.

Para la física contemporánea, esta es una gran cuestión abierta, y hay una creciente minoría que piensa que la realidad no existe a menos que sea observada. Tal pregunta abre la puerta al papel de la conciencia en el mundo, asumiendo que es fundamental por ser anterior a la realidad física, como sugirió por primera vez Max Planck, un científico alemán cuyas aportaciones a la física cuántica han sido clave. Planck consideraba que la conciencia es fundamental, que la materia se deriva de ella y que, por tanto, no podemos quedarnos fuera de la conciencia. Todo aquello de lo que hablamos, todo lo que consideramos existente, son experiencias fragmentadas de la conciencia. Otros científicos como John Bell clarificaron desde el punto de vista de las matemáticas y, finalmente, confirmaron experimentalmente algo que va un paso más allá: que las observaciones en el mundo cuántico no solo perturban lo que hay que medir, sino que incluso lo producen.

A pesar de lo interesantes y rompedoras que son las aportaciones de la teoría cuántica, definitivamente no constituyen la última palabra para comprender qué es la realidad y cómo y por qué la construimos observándola. Todavía no entendemos cómo este mundo cuántico subatómico da lugar a objetos complejos que se comportan de forma clásica en escalas más grandes. Los experimentos que revelan la no localidad y el entrelazamiento son tan cercanos a lo que se considera mágico o milagroso como cualquier fenómeno físico que se conozca. Ahora la ciencia está segura de que la realidad no puede estar contenida en el espacio-tiempo y que existen otras relaciones más sutiles entre el observador, el modo de observación y lo observado.

Además de la interpretación de la realidad de las teorías cuánticas, los nuevos hechos experimentales para construir los conceptos tienen una sorprendente similitud con las entidades cuánticas. Este es el campo recientemente desarrollado de la cognición cuántica, que no debe confundirse con las teorías de la mente o la conciencia cuánticas. La cognición cuántica revela que el mundo de las entidades cuánticas tiene propiedades fundamentales en común con el mundo de los conceptos y las entidades mentales. Ambos hablan de un todo que es más que la suma de sus partes y que no puede dividirse por completo en piezas independientes. Comparten una estructura lógica y probabilística similar, donde las cosas no son simplemente blancas o negras, sino que pueden ser complementarias (ninguna, ambas o algo intermedio). La física cuántica ofrece una nueva perspectiva sobre cómo tomamos decisiones, destacando el papel de las suposiciones ocultas y los prejuicios, influenciados por condicionamientos subconscientes o no observados.

Llegamos al punto en el que la objetividad de los principios originales de la ciencia sobre la realidad no es un hecho, ni es evidente por sí misma. Nuestro interés por ver la realidad como realmente es nos lleva a la introducción de la autocrítica como una actividad primordial. Ahora bien, la ciencia debe someterse al mismo examen crítico que utiliza para investigar la realidad física. Establecer criterios objetivos de verificabilidad, falsabilidad o capacidad de prueba no es suficiente; debemos ser conscientes de que el principio de falsificación no siempre es falsable, ni el principio de verificación siempre verificable. ¿Por qué? Porque al observar los datos con el paradigma equivocado llegamos a paradojas, pero nunca podemos separar los datos de la construcción del contexto ni podemos observar contenido en bruto, no conceptualizado. Como observa la historiadora de la ciencia Isabelle Stengers en sus escritos, para el conocimiento finito siempre habrá una brecha entre lo que llega a existir y lo que se puede definir. Es por eso por lo que seguir adelante con una ciencia de la conciencia interdisciplinaria y autorreflexiva no necesita esperar a que se desarrollen por completo sus principios teóricos, sus justificaciones y sus implicaciones específicas. Está bien si todavía nos peleamos con una imagen incierta que se nos aparezca como la realidad. Es preferible a una certeza ilusoria.

El hecho de que la mente funcione estableciendo límites en torno a un objeto o a una categoría para poder percibirla puede ser el origen de la incertidumbre que los científicos encuentran en la naturaleza, cuya raíz está en el modo que tenemos de acceder al conocimiento. El auténtico conocimiento de la realidad supondría reconocer la totalidad, y eso no se puede conseguir exclusivamente con la percepción, ya que esta es discontinua. Es más, el propio individuo forma parte del proceso de esa percepción e interpretación. Concluiremos, pues, que sujeto y objetos no son entidades estancas, sino que tienen un componente informacional y probabilístico relacionado con el procesamiento del cerebro y con la historia almacenada en la memoria de cada cual, por lo que puede afirmarse que la realidad percibida es virtual.

Por otro lado, la indagación sobre la conciencia ha de realizarse de modo que no haya intervención de informaciones del mundo exterior, o lo que es lo mismo, inhibiendo la actividad sensorial. Observando el mundo interior se descubre que existe un espacio entre contenidos mentales que son discontinuos, pero se desvela lo continuo cuando la atención se disuelve y permite que aparezca la conexión entre los diferentes procesos o sucesos. Esto supone un cambio radical de los conceptos de conciencia y pensamiento. Es clave la investigación de los distintos estados de conciencia, de donde pueden extraerse conclusiones filosóficas muy interesantes, como la consideración de que el yo no es una entidad psicológica, sino una variable diferenciadora en la función cognitiva, que puede estar activa o no. La práctica de la meditación nos puede poner en contacto con la dimensión no dual, rompiendo el ciclo de interpretación fragmentada de los sentidos. Este giro conceptual es clave para dar respuestas a algunas de las paradojas de los modelos occidentales sobre la realidad, ya que el rol de la conciencia sería servir de soporte final del acto del conocer.

No menos importante es la idea de que todo el espacio vacío, todo el campo intangible del que formamos parte, puede tratarse como un infinito espacio de información. Jacobo Grinberg, neurofisiólogo mexicano explorador de los territorios sutiles de la conciencia y de las manifestaciones de la materia más allá de su morfología biológica, llamaba a ese espacio vacío *lattice*, una estructura que posee una información colosal de la realidad completa, de nuestra existencia y del universo. La *lattice* en su estado puro no distorsionado es la conciencia pura. El cerebro, al distorsionarla, penetra en los diversos niveles de la conciencia. En la *lattice* no se puede encontrar traza alguna de materia, por tanto, no alberga ni gravitación, ni tiempo, ni tampoco objeto alguno. Es la estructura de mayor coherencia y densidad informacional, como una estructura infinita que contiene todas las posibilidades de las potenciales realidades que observamos, las cuales se producen cuando entra en conexión el campo energético de nuestras neuronas cerebrales, que al interactuar modifican el punto con el que conectan, convirtiendo esta interacción en una experiencia. Las tres características más destacables de la *lattice* son: la mencionada enorme capacidad de concentrar información en cada uno de sus puntos; su infinita maleabilidad, lo que le permite asumir cualquier tipo de distorsión; y su asombroso poder de interconexión. Estos tres rasgos hacen que cada punto del universo contenga toda la información de este último y que cualquier evento que acontezca (donde sea) afecte a todos y cada uno de sus puntos. En otras palabras, el universo tiene una organización holográfica, pero la representación de la distorsión que el cerebro realiza sobre la *lattice* hace que la percibimos como la realidad. A esta distorsión la denomina «campo neuronal» y sobre estos conceptos construye su teoría sintérgica, con la que explica, científicamente, la creación de la experiencia y el papel del cerebro al interactuar energéticamente con el mundo que nos rodea. Al igual que en la estructura preespacial, en la que cada punto contiene información de la totalidad, en el cerebro existen circuitos cuya labor es unificar información. Sin ella, no serían posibles el lenguaje, el pensamiento o los procesos conceptuales. Lo interesante, como contrapartida, es que cuando se da la unificación total y el campo neuronal deja de diferenciarse de la *lattice* en su estado puro, desaparece el primero y la que subsiste es la consciencia pura. En esta condición, el conocimiento, el conocido y el conocedor se vuelven uno y lo mismo, porque al conocerse y comprenderse a uno mismo en ese estado, se comprende y se conoce todo lo que existe.

Considerar todo lo existente como campos de información es la base de una teoría del conocimiento. La función diferenciadora de la mente obliga a que la información cobre sentido para conocer las referencias en las que vamos a percibir cada experiencia. Si no se da esta condición, es imposible conocer algo que no tiene límites, como el infinito o lo eterno. Por este motivo, en el plano cotidiano, nos movemos siempre entre referencias, es la manera de buscar seguridad dentro del cambio permanente. De hecho, siempre hay un cambio continuo previo a cualquier diferenciación dimensional, antes de que algo sea definido con una forma o un nombre. Este concepto es el puente para aunar lo uno y lo múltiple, lo infinito y lo finito, lo físico y lo metafísico. Cuando tratamos de relacionar todos estos aspectos que nos aproximan a conocer cómo creamos nuestra realidad y qué parte de eso que llamamos real es tan solo una ilusión, podemos entender mejor el sentido de la vida y, por tanto, lo que llamamos muerte. Continuar atados a la ilusión de realidades y de la permanencia que llamamos vida, incluso tratando de proyectar ese estado más allá del deterioro biológico que concluye con lo que conocemos como muerte física, nos pone delante unos límites que podemos trascender explorando el campo sutil de la energía que somos. Recordemos que lo que llamamos realidad es tan solo una manifestación fragmentada de la conciencia total. La clave es saberlo para permitir que se disuelvan los límites en los que estamos atrapados y que frecuentemente nos hacen sufrir. La muerte, como experiencia, es tan solo la transición entre esta realidad ilusoria y la plenitud sin forma, sin espacio y sin tiempo, la auténtica realidad.

# 4

# La exploración
# de la conciencia

> La ciencia no puede resolver el misterio de la
> conciencia. Y eso se debe a que, en última ins-
> tancia, nosotros mismos somos parte del miste-
> rio que estamos tratando de resolver.
>
> Max Planck

Comenzaré recordando lo que se exponía al comienzo de este viaje al preguntarnos de qué estábamos hablando. Desde el principio
asumimos que no existe una definición consensuada ni universalmente aceptada de lo que es la conciencia. Por tanto, para intentar
explorarla, tendremos que hacer un esfuerzo que nos lleve más
allá de las simples palabras o las diversas teorías. Por un lado, haciendo un recorrido por todo lo que sería el plano en esta dimensión formal en que nos encontramos; por otro, adentrándonos en
el misterio, humildemente y abiertos a sorprendernos con todo
aquello que nos resulte difícil de aceptar con la lógica racional que
manejamos.

Esta falta de acuerdo sobre cuál sería la mejor definición de
conciencia se debe a que los distintos modelos de conciencia parten de premisas diferentes, emplean argumentos con formas lógi-

cas distintos y no tienen los mismos objetivos conceptuales y de investigación. Partir de la premisa de que la conciencia es una propiedad que surge de la vida y que solo es posible con relación a los sistemas vivos complejos conduce a modelos muy dispares. En cualquier caso, lo que aúna sendas vías en el ámbito de la investigación es el hecho de que la conciencia aglutina una gran cantidad de asuntos que mantiene intrigada a la comunidad científica.

El primero sería la naturaleza de la experiencia subjetiva, que, como todo en el campo de la ciencia, se ha tratado de medir. Para ello se ha creado una unidad a la que se ha llamado «qualia», que define las cualidades subjetivas de las experiencias individuales. El segundo consistiría en la explicación de cómo son las relaciones entre la mente y el cuerpo y cuál es el proceso para que lo intangible pase a formar parte de lo material y cómo se produce esa integración. También habría que tener en cuenta qué papel juega todo lo que llamamos inconsciente a la hora de pasar a ser consciente, es decir, dónde está esa información y qué pasos se producen para organizarla y hacerla consciente.

La complejidad de su estudio estriba, pues, en la necesidad de hacer ciencia objetiva de un fenómeno subjetivo y, por tanto, en la dificultad de encontrar medidas objetivas y válidas para evaluar la presencia de la conciencia en procesos tales como la percepción, el razonamiento, la toma de decisiones o la acción. A todo esto, debemos añadir que estamos abordando un tema en el que las creencias se cuestionan y evolucionan con el tiempo, los dogmas no siempre se sostienen, la fe en algunas interpretaciones es un acercamiento exclusivamente personal y las demostraciones científicas se circunscriben a aspectos concretos, parciales y limitados llegando, en un punto, a dejar más espacio a la imaginación que a lo empírico. Es la pescadilla que se muerde la cola, cuanto más se avanza en lo científico, más se conecta con los conceptos desarrollados en las antiguas tradiciones de sabiduría a partir de otros modelos alternativos que pueden generar conocimientos más precisos y completos de la conciencia que los que ofrece el discurso científico.

La exploración de la conciencia pasa por un abordaje enfocado a la reflexión más que a la búsqueda de respuestas definitivas. ¿Por qué tenemos experiencias subjetivas? ¿Cuáles son las diferencias entre el procesamiento consciente y el inconsciente? ¿Cómo se entiende que seamos conscientes del mundo que nos rodea? ¿Cómo somos conscientes de nosotros mismos? Y, una de las cuestiones más antiguas y con mayor número de respuestas, ¿tiene la conciencia sustancia y es esta diferente o no a la materia? En este punto me gustaría plantear si, quizá, en nuestra búsqueda, nos estamos haciendo la pregunta de forma equivocada, ya que parece que lo que tratamos de averiguar es dónde está la conciencia, más que lo que es. Podemos —y debemos— aceptar lo que es, al igual que aceptamos lo que es la luz o la fuerza de la gravedad, sin que lleguemos, en ningún caso, a ver o revelar lo que son, sino tomando como referencia el hecho *per se* de su manifestación.

Si nos preguntamos dónde está la conciencia, las respuestas habituales hablan de que la sede es el cerebro. Sin embargo, esta teoría entra en conflicto con lo que conocemos como «experiencias cercanas a la muerte» (que veremos unos capítulos más adelante), las experiencias fuera del cuerpo o ciertas patologías que afectan al cerebro, como estados de coma, anestesias o ciertas malformaciones. En esta búsqueda que trata de explicar la localización de la conciencia, ha aparecido el concepto de la falacia mereológica, impulsado por el filósofo Peter Hacker y el neurocientífico Maxwell Bennett para señalar un error que, según ellos, habían estado cometiendo la mayor parte de investigadores del cerebro y del ámbito de la psicología: confundir la parte con el todo. Esta falacia asume que la mente en su totalidad es la responsable de la experiencia subjetiva, sin tener en cuenta el papel crucial que desempeñan las partes individuales en la generación de dicha experiencia. De ahí la necesidad de discriminar entre las diferentes cualidades del significado de localidad.

Cuando se habla de algo local, se asume que algo está ocupando un espacio y que lo hace en un momento preciso; a su vez, esa parte global estaría fuera de lo que llamamos local. Una vez que asumimos la noción de localidad, también podemos considerar la posibilidad de que los eventos y las relaciones no estén contenidos en el espacio-tiempo en absoluto, sino que sean también no locales y no espaciales o no temporales, o ambos. Por ejemplo, si tenemos un par de guantes en un espacio en un momento dado, está claro el lugar que ocupan, su localización. Si el guante izquierdo se quedó en casa y el otro viajó a un lugar alejado, la relación entre ellos sigue existiendo, es un par de guantes, y el uno es diestro y el otro es zurdo; hay una relación de paridad que no solo se reconoce, sino que es no local.

A esto habría que sumar el hecho de que, en ocasiones, el abordaje conceptual de un término tiene matices diferentes en función de la lengua. En castellano, «estar» define a lo que ocupa un espacio y es diferente de «ser», que habla de la esencia más allá de en qué lugar concreto y en qué preciso instante esté esta. Por contraste, en la lengua inglesa, «ser» y «estar» comparten un único verbo para definirse: *to be*. Seguro que conoces la frase «Ser o no ser, esa es la cuestión». En la obra teatral *Hamlet*, el significado se relaciona mucho más con el estar y con el cómo estar que con el ser; describiendo los aspectos locales y no locales del alma en disyuntiva con morir, dormir y no despertar nunca. «Dormir... tal vez soñar». Para el príncipe Hamlet, la muerte parece sueño; la vida, pesadilla. La vida representa el espacio donde se localiza el drama y sus interrogantes, y la muerte y el sueño, el lugar no local donde colocar la conciencia que juzga las posibles decisiones. Dentro de esta corriente podríamos incluir la figura de Ilya Prigogine, premio nobel de química, quien afirmaba que no podemos comprender la realidad no local con una mentalidad de localización, del mismo modo que no podemos resolver problemas no lineales con el pensamiento lineal.

Desde una visión clásica, se acepta que el todo es diferente de sus partes, al igual que los campos clásicos electromagnéticos, gravitatorios, etc. se conciben como entidades no locales. Sin embargo, en el mundo cuántico experimentamos otro tipo de no localidad que no depende en absoluto de la distancia espacial. En la realidad cuántica, el fenómeno observado y el acto de su observación están intrínsecamente ligados y afectados mutuamente (te animo a que busques en YouTube el experimento de la doble rendija). El hecho de la no localidad cuántica se ejemplifica mejor en el fenómeno del entrelazamiento. Los pares entrelazados de entidades cuánticas comparten cualidades observables con independencia de su relación espacial, pero aquí, a diferencia del clásico par de guantes, su paridad —la mano izquierda-derecha— se creará instantáneamente para ambos cuando se observe cualquiera de ellos. Tenemos, pues, un todo, el par entrelazado, que no solo es mayor y diferente de sus partes, sino que también es indiferente a su extensión espacial. Es por eso por lo que, como decía unas líneas más arriba, los abordajes desde la física cuántica abren nuevos enfoques para la comprensión de la conciencia, en muchos casos desde lo paradójico y desde el conflicto con los enfoques basados en la lógica de la mente racional.

En esta exploración de la conciencia, no debe quedarse fuera la psicología. Es más, hay un momento en que la física y la psicología se encuentran. En los primeros días de la física cuántica, el psiquiatra Carl Jung conoció a un paciente muy especial, Wolfgang Pauli. Pauli era alcohólico, sufría depresiones y tenía experiencias de conciencia expandida, en ocasiones, a través de los sueños. Su obsesión era encontrar una teoría unificada que explicara la relación de la materia y la mente. Gracias a su relación terapéutica con Jung, Pauli finalmente se curó y Jung aprendió sobremanera acerca del entrelazamiento. La forma en que la medición del estado de una partícula influye, instantáneamente, en el estado de su pareja entrelazada sugirió a Jung que se produce una conexión no local a la que llamó sincronicidad. Jung definió la sincronicidad como una coincidencia significativa no causal. Haciendo una metalectura, lo que estos dos amigos definieron fue el inconsciente colectivo o la psique. La sincronicidad es para la psicología lo que el entrelazamiento es para la física cuántica. Pensemos que, desde la perspectiva de las interacciones locales, tendemos a asombrarnos de cómo surgen conexiones no locales (en un mundo de entidades separadas) y de cómo tal evidencia puede producirse.

Como punto y seguido quiero introducir la figura del físico David Bohm, quien aporta luz a la cuestión de que si todo en el mundo está interconectado, ¿cómo es posible que todo parezca tan separado? La teoría de Bohm nos explica muchas de estas circunstancias considerando cómo es la influencia de la mente sobre la materia. La evidencia sobre eso y la posibilidad de que una conciencia no local opere remotamente en el mundo físico se ha ido acumulando desde que Bohm hizo tales preguntas. Al igual que le ocurre a la tribu liberiana bassa con los colores, aunque la evidencia es clara, no podemos ver lo que está más allá del radar conceptual. Esta tribu no reconoce los colores como lo hacemos nosotros. Su sistema retiniano es igual que el nuestro, pero no están instruidos en los colores y sus características, y, como consecuencia, su cerebro no tiene registrados los mapas que hemos aprendido los demás. Es por eso por lo que su abanico de colores se compone de una rica escala de tonalidades en blanco y negro. Dicho de otra manera, solamente ven lo que han aprendido a ver. La tribu de los físicos cuánticos tardó casi medio siglo en aceptar la no localidad como hipótesis de trabajo y probarla. Tal vez se necesite menos para observar la no localidad de la conciencia.

En 1998, Roger Nelson, psicólogo americano de la Universidad de Princeton, fundó el Proyecto de Conciencia Global (GCP), una colaboración internacional de setenta y cinco investigadores, colegas y amigos de diversos ámbitos, cuya misión es recopilar datos continuos que permitan detectar tenues indicios de una noosfera o conciencia global. Él y sus compañeros de trabajo establecieron una red de dispositivos cuánticos distribuidos por todos los continentes que producían ruido cuántico puro. De acuerdo con los principios de la teoría cuántica, estas fluctuaciones de ruido aleatorias deberían ser totalmente independientes y, por lo tanto, no estar correlacionadas. La gran sorpresa, pero bienvenida, llegó cuando esta red respondió de manera coherente en eventos globales que tuvieron un impacto significativo en la conciencia de la población mundial. Se han registrado alrededor de quinientos en los últimos veinticinco años aproximadamente, desde ataques terroristas como el atentado a las Torres Gemelas hasta la muerte de Diana de Gales, pasando por celebraciones de Año Nuevo o días de meditación global. A raíz de estos experimentos, un equipo formado por científicos de todo el mundo inició una serie de estudios para tratar de desentramar cómo el proceso de morir y todos los eventos con alto impacto emocional que se producen en su entorno se pueden correlacionar con cambios en la materia, más concretamente en la sucesión de bits producidos por unos dispositivos generadores de números aleatorios. Los primeros resultados son prometedores y nos animan a seguir profundizando en esta línea.

William James, el primero que habló de complementariedad en la psicología allá por 1890, consideraba que la conciencia total posible puede dividirse en partes que coexisten pero se ignoran y comparten los objetos de conocimiento entre ellas de manera complementaria. Niels Bohr introdujo la misma idea en la física, e incluso propuso aplicarla al conocimiento humano. Es evidente entonces que agregar una dimensión no local a la local en los estudios de la conciencia resulta esencial, y tendrá el mismo significado para la nueva ciencia propuesta que la comprensión de la realidad cuántica no local tenía para la física actual. Ambos parten de algo que solo puede describirse como existencia indivisible.

En esta línea de investigación, las aportaciones del cardiólogo Pim van Lommel al reconocimiento de la conciencia como no localizada en el cerebro han sido muy importantes. Sus estudios en personas que han sufrido una parada cardiaca y han permanecido un tiempo sin actividad cerebral son un referente. La información obtenida de estas personas tras su recuperación demuestra una actividad de la conciencia no local, puesto que, en una fase sin actividad cerebral, el papel de los sentidos y la conexión por las vías normales de la consciencia estaban abolidas. Al recuperar sus funciones, el cerebro puede transmitir una información que no había podido conocer en el plano de esta dimensión. Existen ya diferentes estudios en esta línea y me siento orgulloso de formar parte del grupo de científicos que trabaja para profundizar en el conocimiento de la conciencia a escala mundial, concretamente durante el proceso de morir, etapa en la que una persona va desconectando todos los sentidos materiales para entrar en otro plano.

En una dimensión entre lo terrenal y lo espiritual, Ken Wilber, un escritor americano referente en la investigación sobre la conciencia, promueve una integración de la ciencia y la espiritualidad. Su intento de clasificar las manifestaciones del estado de la conciencia consiste en categorizar el propio espectro de la misma a través de los estados cerebrales que la producen. Y aquí surge uno de los mayores enigmas de la ciencia moderna, ya que las funciones cerebrales no pueden acceder al contenido y al contexto de la experiencia en la vida. Lo que ahora entendemos es que la conciencia se correlaciona con la función cerebral. Asumir el cerebro como productor de conciencia implica la reducción de la utilidad de esta como mecanismo de supervivencia en un entorno darwiniano. Según ese punto de vista, los circuitos cerebrales son responsables de la lucha o huida, de los instintos como retroalimentación para satisfacer necesidades, etc.; o lo que es lo mismo, la mayoría de las facultades de supervivencia pertenecen a las respuestas automáticas del sistema nervioso, que no son necesariamente conscientes. Por tanto, este espectro no puede dar cuenta de funciones de conciencia superior como la toma de decisiones, la formación de conceptos abstractos, los sentimientos y, sobre todo, no puede dar cuenta de la metaconciencia y la autorreflexión, es decir, del hecho de que somos conscientes de nuestra propia conciencia. Ser consciente de la conciencia implica que quien busca una definición debe ser necesariamente consciente. Ninguna máquina, de inteligencia artificial o de otro tipo, puede reflexionar ni cuestionar su propio funcionamiento desde esa inquietud interior. La autorreferencia romperá cualquier mecanismo de retroalimentación. Para comprobar si una maquina cumple una característica que le permita ser creativa, se ha diseñado el llamado test de Turing, consistente en una herramienta de evaluación de la capacidad de una máquina para exhibir un comportamiento inteligente similar al de un ser humano o indistinguible de este.

Partiendo de una unidad indiferenciada, la totalidad de la realidad, donde nada existe y todo existe, para Alfred North Whitehead, matemático y filósofo inglés, el principal problema de la metafísica occidental es que considera la materia como algo irreductible, como un ente que existe independientemente de los otros, a pesar de que tiene contacto externo con ellos. Para él nada es igual en el tiempo y todo está no solo en constante fluir (por lo que el cambio es algo esencial en el funcionamiento del universo), sino que los objetos son solo un conjunto de interrelaciones con otros objetos y con el mundo, y a esto lo llama proceso.

El surgimiento de la conciencia establece un diálogo a través de la síntesis que forma el primer par tesis-antítesis. Estas teorías ya se planteaban en la antigua filosofía hindú, que describe el complejo viaje de la vida y su potencial de atarnos, pero también de liberarnos. Para navegar por esta doble naturaleza de la existencia, la antigua escuela de filosofía india conocida como samkhya, divide la realidad en dos categorías: la que tiene el conocimiento, purusha; y todo lo que puede ser conocido, lo que estaba antes de nosotros, prakriti. El prakriti tiene el potencial de manifestarse en tres fuerzas fundamentales que se equilibran entre sí y son conocidas como gunas (sattva, rajas y tamas). Es por la interacción de estas fuerzas que prakriti se manifiesta como el universo. Por lo tanto, todo lo que puede conocerse en el mundo, tangible e intangible, es una manifestación de las gunas en sus distintas formas. Cultivar la conciencia de cómo actúan las gunas puede ser una herramienta invaluable para el camino espiritual, y usar ese conocimiento como guía nos puede permitir alcanzar el reconocimiento del conocedor purusha que hay en nosotros. De hecho, lo más importante para los practicantes de yoga es que la conciencia de las gunas nos dice si estamos avanzando realmente en la vida (sattva), si estamos caminando en círculos (rajas) o si estamos perdiendo el rumbo (tamas). Como en tantas ocasiones, las sabidurías ancestrales plantean acercamientos muy prácticos a los temas que estamos tratando, en los que la ciencia tiene tanta dificultad para llegar a conclusiones sólidas.

Para las ciencias, cada nueva síntesis trae la complejidad de los muchos elementos interconectados. Sus relaciones revelan lo que los antiguos llamaban logos, la proporción de las cosas, y de este orden externo en cantidad, los números, surgen junto con sus cualidades internas de experiencia (mathesis, gnosis). Con este enfoque, el espectro de la conciencia se despliega a medida que se despliega el universo.

Lo que llamamos conciencia, tal y como lo planteamos, juega un papel relevante en el proceso y ciclo de aprendizaje. Se puede acceder a una variedad de experiencias vividas internas, en principio privadas e inobservables, así como a experiencias conductuales externas, en principio públicas y observables, y entenderlas como ciclos de aprendizaje. De hecho, la clave está en salir afuera para aprender, comprender e integrar en un viaje al interior. Cuando algo sucede, podemos ver que las dualidades son pares complementarios que surgen de una unidad primaria. La conciencia, en todo su espectro, determina no solo nuestra existencia personal, sino el universo como un todo. Además, se sigue que la unidad del dualismo y el monismo es la razón por la que podemos conocer la conciencia; ¿por qué la conciencia puede conocernos?; y ¿por qué nuestra realidad y nuestra conciencia son literalmente nombres de la misma entidad? Este es un eco de la máxima de Parménides: el entendimiento y el ser son uno y lo mismo. Como vemos, somos.

Recuperando la discusión en los tiempos modernos, la complementariedad ocupó el lugar de un principio fundamental en la física cuántica con los ejemplos más famosos de la dualidad onda-partícula, la dualidad observador-observación y su famosa consecuencia: el principio de incertidumbre de Heisenberg, de 1927, según el cual es imposible medir simultáneamente de forma precisa la posición y el momento lineal de una partícula.

Aunque la noción de totalidad indivisa sea algo a lo que se pueda acceder mediante nuestra reflexión, no es algo que pueda demostrarse plenamente, experimental o conceptualmente. El énfasis está en la palabra plenamente. Para el Uno, como el Tao, «el Tao del que se puede hablar puede ser, o no, el verdadero Tao», como declara Tew Bunnag, maestro de taichí chuan y experto en la tradición budista y taoísta. Este «puede o no puede» depende de cuán profundamente infundido por el tao esté el que habló. Dependiendo del punto de anclaje, fluiría una corriente de conciencia diferente y aparecerían distintos tipos de interconexiones y de complejidad. Por tanto, es más preciso hablar de los «espectros de la conciencia». Cada punto de anclaje determina el contenido, las relaciones y el contexto de un modo particular de conciencia. Desde un punto de vista ecológico y social, lo individual frente a lo colectivo puede proporcionar un patrón. Desde un punto de vista fisiológico, los estados neurológico y cerebral proporcionan otro espectro. Cuanto más conscientes seamos de en qué dualidad o modo se encuentra nuestra mente, más libertad de pensamiento y opciones para las investigaciones tendremos.

La ciencia ha agotado su modo de objetivación unidireccional y materialización, pero ahora estamos entrando en una nueva era en la que la ciencia de la realidad exterior se encuentra con la realidad de lo subjetivo como requisito para cualquier avance adicional de nuestra comprensión. La liberación de prejuicios permite explorar más allá del cerebro, más allá de la genética, más allá de las interacciones locales hasta el otro lado, que es el «interior». Hemos llegado a un punto en el que la nueva ciencia no solo debería estudiar la naturaleza, sino también estudiar la naturaleza de sus estudios. Esto no sería de extrañar, ya que la conciencia científica, desde sus orígenes, es la incesante investigación de cualquier realidad, libre de dogmas, autoridades o creencias populares. Esta forma especial de «ignorancia informada» nos permite mirar hacia el abismo de lo desconocido y lo incognoscible y expandirnos a nuevos espectros de conciencia sin miedo.

Jacobo Grinberg nos introduce la noción ineludible a que se enfrenta a la ciencia, que es que toda nuestra experiencia, todo lo que podemos conocer, no es más que conciencia; exista o no una realidad independiente de nuestra conciencia, no conocemos las cosas directamente, sino como fenómenos dentro de nuestra conciencia, decodificados por nuestra mente. Por ello, el método científico de un observador independiente que analiza un objeto de manera externa se vuelve inválido en este caso: el experimentador es parte del campo de su experimento, aquello que está investigando es con lo que está investigando. La conciencia podría conceptualizarse como lo que está detrás de todo acto perceptual, lo que sostiene la cualidad misma de la experiencia. Lo que se intenta explicar es la dificultad de articular coherentemente esta conciencia pura con el lenguaje, pues yace fundamentalmente más allá de nuestra capacidad de darle sentido. Con estas consideraciones, podemos afirmar que la consciencia, sea lo que fuese intrínsecamente, es la única portadora de la realidad que podemos conocer de manera certera. La definición que Grinberg da de la conciencia ilustra muy bien esto: «Lo que está detrás de todo acto perceptual, lo que sostiene la cualidad misma de la experiencia». De hecho, en la que aparentemente fue su última entrevista, con un medio español, Grinberg resumió buena parte de su teoría sintérgica de la conciencia: Cada uno de nosotros interactuamos con una matriz informacional de tipo holográfico, en un campo que contiene toda la información en cada una de sus porciones. Pero en ese nivel no hay ninguna cualidad de la experiencia, no hay objetos separados unos de otros, sino que es un campo informacional de una complejidad extraordinaria. Nuestro cerebro interactúa con este campo informacional que algunos llaman campo cuántico, orden implicado o campo sintérgico. Los físicos actuales están hablando de un campo preespacial, y es precisamente cuando el cerebro interactúa con este campo cuando crea la percepción, y, una vez concebida, le damos una existencia real. Así pues, todo lo que observamos es, al mismo tiempo, el producto final de un procesamiento; existe como conciencia, pero no como materia.

Todo lo que hemos visto en este capítulo y que se plantea al abordar el tema de la conciencia es de especial relevancia cuando hablamos del proceso de morir y del significado de la muerte. Morir es la transición entre dos estados, entre la limitación de la materia que constituye nuestro cuerpo biológico y la expansión al nivel de conciencia no dual, con las diferentes etapas intermedias que es preciso recorrer hasta la disolución total. No hay contradicciones con nada de lo planteado, ni con creencias ni religiones. Las creencias también se disuelven en el proceso de morir. Las disquisiciones que nos planteamos desde nuestra mente racional desaparecen, ya que la mente (a diferencia de la conciencia) sí está ligada al cerebro y a la vida en este plano. La mente muere. La conciencia es inmortal. Mientras eso llega, viviremos con curiosidad explorando lo que el misterio nos pone delante y utilizando la mente como herramienta para esa exploración y el cerebro como la interface para relacionarnos, de forma bidireccional, con la conciencia.

# 5

# Los sueños:
# una puerta de la conciencia

> El sueño es la pequeña puerta escondida en el
> más profundo y más íntimo santuario del alma.
>
> CARL JUNG

Todas las noches morimos y renacemos al amanecer. ¿Morir puede ser lo mismo que dormir y no despertar en esta dimensión? ¿Qué es dormir? ¿Qué es soñar? ¿Qué es estar despierto? ¿Dónde está nuestra mente mientras dormimos? ¿Y la conciencia? ¿Estar en coma es lo mismo que estar dormido? ¿Podemos estar conscientes mientras dormimos? ¿Nos perdemos algo al dormir? Son muchas preguntas, y seguramente nos podríamos hacer las mismas u otras parecidas sobre el estado de vigilia, lo que llamamos estar despierto. Con respecto al sueño, no es habitual recordar mucho de lo que ocurre en ese periodo, aunque hay maneras de recuperar las experiencias con algunas prácticas de las que hablaremos.

## Dormir y soñar

El dormir y los sueños son aspectos que han abordado las antiguas tradiciones de sabiduría, del mismo modo que en la era moderna la psicología (en alguna de sus ramas) los ha tratado como una puerta de acceso al inconsciente y a otras dimensiones sutiles. La ciencia también los estudia con una visión analítica y busca sus componentes, desde la física y la biología. Trataremos de profundizar desde estas dos perspectivas para conocer dónde nos encontramos.

Llamamos soñar a la experiencia de imágenes, historias o emociones que ocurren en la mente mientras dormimos. Pasamos una parte importante del tiempo durmiendo, aproximadamente un tercio de nuestra vida. Este tiempo tiene una peculiaridad que lo diferencia del resto de la vida, que llamamos despierta, y es que se mueve en una dimensión que no está incluida dentro de los moldes mentales que hemos construido.

Cuando soñamos, podemos entrar en planos diferentes, en otro espacio que no se rige por las mismas leyes que el estado ordinario de nuestra mente, siendo el acto de soñar en sí una de las maneras en las que podemos reconocer la existencia de otra dimensión con la que conectamos y en la que vivimos ese lapso. Es durante el sueño cuando, al liberarnos de los límites, se establecen nuestros sentidos, podemos acercarnos a lo que anhelamos o intuimos, un lugar al que llamamos conciencia, sabiendo que tan solo somos expresión de sus fragmentos cuando se forman nuestras experiencias. Podemos observar la existencia de otro mundo energético y transformar esa experiencia en una percepción más o menos coherente al traerla a esta dimensión. Si abrimos esa puerta entre planos diferentes con asiduidad, podemos convertir las experiencias en aprendizaje estable aquí y ahora. Esta habilidad puede ejercitarse y hacer de los sueños un camino para expandir la conciencia y aumentar la comprensión desde una profunda libertad. Con entrenamiento, se puede llegar a viajar por los sueños de forma que el mundo que llamamos material y lo inmaterial se mantengan conectados.

Mientras soñamos, todas las vivencias tienen el rasgo de ser reales, las experimentamos como algo que ocurre de forma indudable y nuestro organismo entero así lo recibe; de hecho, en muchos casos, se parecen a lo que nos pasa o sentimos cuando estamos despiertos. Trabajar con toda la riqueza que podemos obtener de los sueños requiere intención, imaginación y disciplina. Es algo asequible a todos y los resultados pueden ser sorprendentes, siempre que perseveremos, más allá de lo anecdótico y del simple ejercicio de tratar de interpretar el lenguaje simbólico que creemos que existe detrás de las imágenes de cada ensueño. El arte de ensoñar es una vía de conocimiento que nos puede permitir explorar niveles de conciencia a los que también se puede acceder por otros caminos.

## La visión científica de los sueños

El sentido del sueño ha ido progresando con el tiempo hacia una visión fundamentalmente neurológica, con una raíz caracterizada por la evolución de nuestra especie y, específicamente, por la forma de desarrollo de cada individuo. Se ha pasado del contenido abstracto o mágico a formas de análisis basadas en el estudio del cerebro y sus funciones. En el siglo XIX, toma relevancia la vinculación del sistema sensitivo, del papel de nuestros sentidos en interacción con el cerebro. Un ejemplo son los estudios de Wilhelm Wundt, basados en su teoría de la interacción recíproca, los cuales concluían que los estados mentales interactúan con los estados cerebrales. Para Wundt, el estado mental de los sueños se caracterizaba por el incremento de sensaciones y el decremento de la voluntad. En torno a esta misma época, se amplían estas teorías con las aportaciones de Hervey de Saint-Denis, que establece una relación entre los estímulos externos y las imágenes oníricas; pensaba que el sueño provenía de imágenes almacenadas en la memoria como recuerdos.

Sin embargo, a finales del siglo XIX y principios del XX, surge con fuerza el que se convertiría en el referente en el mundo del estudio de los sueños y su interpretación: Sigmund Freud, un médico austriaco creador de una corriente de investigación sobre los sueños que ha sido la base de su estudio. Más allá de la relevancia que ha tenido su legado, su visión tiene casi tantos seguidores como detractores. Los trabajos de Freud evolucionaron desde el uso del hipnotismo, influencia de la formación con su maestro Charcot, hasta un modelo sustentado en la asociación libre y la interpretación de los sueños. Progresivamente, fue desarrollando una teoría sobre la neurosis basada en los traumas psicológicos que constituyó el pilar del psicoanálisis. En el ámbito científico, la polémica se ha mantenido y sus aportaciones se han visto eclipsadas tras la emergencia de su discípulo, Jung, que se separó de él y creó un modelo alternativo con una visión bastante más positiva y creativa.

Hacia 1920, Carl Jung, apartado ya de las teorías freudianas, propone una teoría según la cual los sueños revelan arquetipos de carácter universal que no requieren de interpretación y cuya función pone de manifiesto la creatividad y la capacidad artística de la persona. Para Jung, el sueño es un fenómeno psíquico que (en oposición a los demás hechos de la conciencia), por su forma y contenido significativo, se sitúa al margen del constante devenir de los hechos conscientes. A diferencia del pensamiento lógico y dirigido, el nexo de las representaciones oníricas es verdaderamente fantástico; el proceso asociativo del sueño crea relaciones que, por lo general, son totalmente ajenas a lo que pensamos de forma habitual, utilizando un lenguaje íntimo y personal. El sueño nos comunica, en ese lenguaje simbólico, ideas, juicios, conceptos, objetivos o tendencias que, a causa de la represión o por pura ignorancia, eran inconscientes. No podemos obviar que las aportaciones de Jung han sido muy abundantes y atienden a diversas áreas:

- Como psicólogo, amplió considerablemente la comprensión de la psique individual al elaborar su hipótesis de un inconsciente colectivo. Su visión nos indica que cada individuo está relacionado por múltiples conexiones al destino de la humanidad como un todo. Establece igualmente una útil tipología caracterológica para entender las conductas y tensiones humanas habituales.
- Como antropólogo, Jung jugó un papel primordial en el estudio de la humanidad como fenómeno natural, delineando el proceso que se extiende desde la preeminencia de lo colectivo en los orígenes al actual dominio de lo individual. Al centrar su obra en los procesos de creación de símbolos, evidenció el papel que estos representan en la salud individual y colectiva.
- Como humanista, trabajó en profundidad sobre la mitología y el terreno de lo religioso, ofreciendo perspectivas originales que han arrojado nueva luz sobre los estudios culturales. Su obra es un recorrido por los múltiples ámbitos de la imaginación humana para captar su dinámica y sus límites en la creación de consciencia. De hecho, esta creación de consciencia, de significado, es para Jung el sentido del hombre.
- Como científico de la naturaleza, al presentar sus ideas sobre la sincronicidad, proporcionó instrumentos intelectuales para encarar aquellos fenómenos que escapan a las ciencias meca-

nicistas, gracias a su concepción de un cosmos ordenado según principios que pueden ser explicados sin sacrificar los hechos de observación.

- Como filósofo, fue un autor fundamental para entender la relación entre Oriente y Occidente en la historia, así como el lugar de la filosofía hermética en el despliegue del imaginario occidental y su simbología, siendo un defensor de la integración de la tradición frente a su rechazo y represión desde la propia mitología de la modernidad.

Para terminar de perfilar la figura de este pionero suizo, hay que recalcar que Carl Gustav Jung promovió siempre la libertad del individuo y el valor de la consciencia frente a la violencia del oscurantismo y el miedo. En su mensaje moral, ante las tensiones personales y sociales, subraya la necesidad de que cada cual asuma su propia sombra, aquellos aspectos reprimidos e infradesarrollados en uno mismo. Frente al psicoanálisis clásico, Jung señala el papel de los arquetipos en los procesos históricos que configuran todo lo simbólico, donde toma forma nuestra consciencia individual. En la actualidad, sigue siendo un referente en el campo de la psicología transpersonal.

En la segunda mitad del siglo XX, las investigaciones del doctor Eugene Aserinsky abren el camino para el estudio funcional y estructural de los sueños, con la descripción del sueño REM (que son las siglas en inglés de *rapid eye movement*, traducido como movimiento ocular rápido). Progresivamente, se avanza en el conocimiento de las partes cerebrales claves en la producción del sueño y también del insomnio, sumando varios descubrimientos de la neurofisiología del sueño y de los sueños. Los últimos descubrimientos en este campo han arrojado nueva luz sobre el insomnio, revelando mecanismos complejos que involucran redes neuronales, neurotransmisores y procesos cognitivo-emocionales.

También han contribuido a las investigaciones sobre el sueño disciplinas como la neurofisiología y la psicología. Pero, antes de seguir avanzando, y para acotar de forma clara a qué nos estamos refiriendo, diremos que el sueño es un fenómeno fisiológico en el que se produce una disminución reversible del nivel de consciencia (al menos, de forma aparente). En condiciones normales, el sueño ocurre periódicamente, cada noche, y está determinado, sobre todo, por dos mecanismos: el primero depende del efecto prolongado de la vigilia como consecuencia de la alta actividad metabólica cerebral; el segundo está relacionado con el llamado ciclo circadiano, es decir, la relación entre la noche y el día y todos los fenómenos fisiológicos que se modifican a lo largo de estos dos periodos. Si bien la finalidad y los motivos exactos por los que necesitamos dormir son aún desconocidos, existen diversas teorías para tratar de explicarlos.

Lo evidente es que dormir debe ser fundamental para la especie humana, ya que el sueño es un fenómeno fisiológico que ocupa una tercera parte de nuestra vida. Durante el sueño, nuestro cerebro realiza una importante función de «limpieza». Estudios recientes han demostrado que hay un sistema de limpieza del cerebro que se activa principalmente mientras dormimos, eliminando toxinas y desechos metabólicos que se acumulan durante el día, como la proteína beta-amiloide, asociada con el alzhéimer. En el sueño profundo, las células cerebrales (neuronas) se encogen ligeramente, permitiendo que el líquido cefalorraquídeo fluya más y «lave» las toxinas. Las ondas cerebrales lentas (propias del sueño no-REM) ayudan a sincronizar este proceso.

Los sueños están condicionados por las características específicas de cada persona, factores como la genética, el reloj biológico o las experiencias cotidianas se van a manifestar mientras dormimos, al igual que cuando estamos despiertos. Se considera normal dormir entre seis y nueve horas, siempre con variaciones individuales propias de cada cual. Se han descrito varias fases que acontecen durante el sueño relacionadas con los cambios en las ondas del electroencefalograma, que es la manera de observar los cambios eléctricos en la estructura cerebral. Este tipo de análisis ha sido fundamental para definir y caracterizar diversas etapas durante el dormir, el soñar y la vigilia.

Cuando hablamos de ondas, es interesante entender su significado, ya que su conocimiento nos puede ayudar a comprender todos los fenómenos naturales a los que estamos expuestos diariamente. Las ondas son el medio por el cual se transporta energía a través del espacio. Se definen como perturbaciones de ese espacio que se transmiten desplazando las partículas que hay en el mismo. Las ondas son energía, no materia. Existen dos tipologías: unas necesitan moverse a través de un medio material, como el aire, el agua o un gas, y otras pueden hacerlo en el vacío, como la luz o las ondas de un microondas. Todas nuestras percepciones (sonidos, olores, colores, sabores y sensaciones táctiles) van a estar relacionadas por el contacto con diferentes tipos de ondas. A partir de ese contacto con una onda característica, nuestro cerebro hace una interpretación y la convierte en un objeto, sensación o concepto.

Cada onda se caracteriza por tener una frecuencia, que se mide en hercios y que expresa el número de oscilaciones o ciclos que ocurren en un segundo. Gracias a esta frecuencia podemos identificar las diferentes etapas del sueño y el estado del cerebro en distintos momentos. En medicina permite conocer, a través del registro de las ondas cerebrales, el nivel de consciencia del cerebro en un momento dado. Otra característica de las ondas es la llamada longitud de onda, que se entiende como la distancia entre dos puntos consecutivos de la misma fase, como entre dos crestas, su punto más elevado, o dos valles, su nivel más bajo. La longitud de onda hace que se puedan diferenciar, por ejemplo, los colores, ya que distintos colores tienen que ver con diferentes longitudes de onda. Un último rasgo es la amplitud, que se define como la desviación máxima entre el punto de equilibrio y la altura de la cresta de la onda, y expresa la cantidad de energía que transporta. Una mayor amplitud de una onda sonora significa un mayor volumen de la música que escuchamos.

El espacio en que nos movemos está lleno de ondas, incluyendo toda la información como energía vibratoria con la que nos relacionamos y expresamos transmitiendo. Esto hace que todos los fenómenos, materiales o no, sean vibraciones con las que estamos interconectados, constituyéndose así tanto el mundo material como el mundo intangible. Esta información es la que se distingue, a grandes rasgos, en el llamado sueño REM, que consta de varias fases en las que el sueño puede ser ligero o profundo. Estos periodos se van alternando y conforman ciclos que oscilan entre los de noventa y los ciento veinte minutos; así, lo normal es que cada noche haya entre cuatro y seis fases REM.

A la entrada al estado de sueño se le denomina también fase I y se considera un límite entre el estado de vigilia y el dormir. Las ondas cerebrales van más despacio, desaparecen las ondas alfa —que tienen una frecuencia de entre 8 y 12 Hz— y encontramos las ondas theta, de mayor amplitud —entre 4 y 7 Hz—. Los movimientos oculares son lentos y el tono muscular desciende. El ritmo cardiaco y la respiración se ralentizan. La fase I es de corta duración, ocupa alrededor de entre un 3 y un 5 por ciento del dormir.

A continuación, comenzaría la fase II, también de sueño ligero. Las ondas siguen siendo lentas y el electroencefalograma (EEG) es irregular, manteniéndose en el mismo rango de Hz (entre 4 y 7). El tono muscular continúa en un estado bajo y es normal que se produzca una desconexión progresiva del entorno. El sueño ligero suele ocupar entre el 20 y el 60 por ciento del tiempo total de sueño.

En la fase III, el sueño se hace más profundo. Predominan las ondas delta, con frecuencias de entre 1 y 4 Hz. Bajan la tensión arterial y la frecuencia respiratoria y cardiaca. No hay movimientos oculares y el tono muscular es menor que en el sueño ligero. Llegamos así a la fase IV, en la que el sueño es aún más profundo. Las ondas del EEG son muy lentas y predominan las delta —de entre 4 y 8 Hz— y las gamma —de menos de 3 Hz—. Durante el sueño profundo, el ritmo cardiaco y la respiración llegan a su nivel más bajo y no se registran movimientos oculares ni actividad muscular. Se considera que la etapa de sueño profundo es crucial para la recuperación del cuerpo; de hecho, si se da la casualidad de que nos despertamos, es normal que nos sintamos aturdidos. Normalmente esta fase ocupa entre el 20 y el 40 por ciento del tiempo de sueño.

Como resumen de todo esto, podemos decir que la fase de sueño REM se caracteriza por un EEG muy rápido con ondas de alta frecuencia y baja amplitud, mucha actividad cerebral, movimientos oculares rápidos y un tono muscular abolido. Es la fase de la que se pueden recordar los sueños si uno se despierta. Su duración es de alrededor de entre el 10 y el 30 por ciento del total del tiempo que permanecemos dormidos.

Actualmente, sabemos que mientras dormimos sucede toda una serie de importantes cambios fisiológicos que involucran a casi todos los sistemas de nuestro organismo. Se han propuesto, básicamente, tres tipos de funciones: las del descanso, las genéticas y las informativas. Las primeras se refieren a la posibilidad que se presenta en el REM de un periodo de descanso para un tipo de neuronas muy pequeñas, pero que tienen un metabolismo alto; ese descanso permitiría que se recargasen de sus neurotransmisiones, sustancias que se han ido consumiendo durante las fases activas.

Mientras estas neuronas descansan, las sensoriomotoras son desinhibidas y comienzan a disparar para proveer un programa de mantenimiento activo de los circuitos cerebrales. Las teorías genéticas parten de la premisa de que el REM tiene un valor adaptativo, determinado por la evolución, y, por tanto, sirve para la implementación y ensayo de patrones comportamentales. Finalmente, están las funciones informativas, que sustentan la consolidación de memorias y la limpieza del material informativo innecesario. Por eso, en la fase REM se guardan con mayor intensidad los recuerdos recientes y frágiles, como los del día anterior. Además, se eliminan los que no se fijaron bien mientras estábamos despiertos, debilitando las conexiones más frágiles del cerebro. Esto explica por qué olvidamos muchas cosas del día después de dormir.

Además de las anteriores, vale la pena mencionar algunas otras funciones que se le han atribuido al sueño REM. La primera sería el desarrollo y la potenciación de nuestra capacidad creativa; el cerebro proporciona nuevas ideas y soluciones a viejos problemas o simplemente hace creaciones fantásticas. Hay otra función que se relaciona con la experiencia de sueño como un entretenimiento, buscando recrear imaginativamente. Por último, se está investigando la posibilidad de tomar el sueño REM como un extraordinario espejo de nuestro mundo interior. Como vemos, cada teoría refleja enfoques diferentes, fisiológico o psicológico, los cuales, más que excluyentes, son complementarios. El hecho de que el ser humano pase la tercera parte de su vida durmiendo y que, de esa tercera parte, pase al menos un tercio soñando tiene fundamental importancia para cualquier elaboración teórica y, en particular, para cualquier aplicación de la psicología científica.

A partir de las investigaciones realizadas, se puede llegar a la conclusión de que los sueños son un mecanismo indispensable para conservar el equilibrio emocional y físico. Además, a través del mensaje simbólico que contienen, son un medio para el conocimiento de uno mismo y de aspectos de la realidad que en la vida de vigilia habrían pasado aparentemente inadvertidos y que en ellos aparecen frecuentemente como metáforas. De igual forma, la percepción extrasensorial existente en los sueños nos permite establecer una comunicación con diferentes niveles de conciencia fuera de la concepción temporo-espacial que tenemos durante la vigilia. Durante el sueño, podemos trascender tiempo y espacio y explorar otras dimensiones, y, si lo hacemos de manera consciente, son una puerta abierta a la comprensión y el conocimiento profundos.

¿Sabías que Einstein concibió la teoría de la relatividad a través de un sueño?

## Contenidos de los sueños

Existen varios tipos de sueños, clasificados en función de las características de sus contenidos. Aquí nos referiremos especialmente a aquellos con formas bien definidas, los cuales se han convertido en elemento básico de estudio por su importancia para la comprensión de su formación, ya que pueden revelar dimensiones cognitivo-afectivas que podrían extender la teoría de los sueños más allá de los procesos de aprendizaje y memoria. De esta manera, distinguimos entre sueños lúcidos, arquetípicos y pesadillas. Una persona puede desarrollar su capacidad para tener sueños lúcidos; igualmente, cada uno puede vivir etapas de pesadillas. Los sueños pueden ser, en ocasiones, reflejos de los diferentes momentos por los que la persona esté pasando.

Durante los sueños lúcidos, la persona está consciente mientras que el argumento se desarrolla, y además puede manipularlo deliberadamente. De acuerdo con Stephen LaBerge, un psicofisiologista estadounidense especializado en el estudio científico de los sueños lúcidos, estos intensifican y destacan la autorreflexión, inherente a toda la actividad cognoscitiva humana, especialmente a la meditación. Constituyen una realidad subjetiva y fisiológica a la vez, y, por tanto, paradójica, ya que, a pesar de exigir una activación del sistema nervioso central propia de la vigilia, definitivamente son un fenómeno del sueño.

En pruebas psicométricas, los soñadores lúcidos, al igual que los arquetípicos, se correlacionan con buenas habilidades visoespaciales, imaginación, bajos niveles de estrés, experiencias místicas en vigilia y un excelente equilibrio físico. Los sueños arquetípicos se destacan por sus contenidos simbólicos espectaculares, por ejemplo, imágenes religiosas y míticas. Adicionalmente a las cualidades ya nombradas de los soñadores lúcidos, los arquetípicos se caracterizan por sus habilidades geométricas, que sugieren una inteligencia visual-espacial-imaginística destacada. Por su parte, los soñadores habituales de pesadillas presentan, frecuentemente, una dificultad en la coordinación del movimiento físico, una imaginación pobre y tendencia al estrés. Experimentan una suerte de horrores relacionados con aspectos reprimidos de las emociones y una percepción alterada de la posición y movimiento del cuerpo.

Si hablamos de la originalidad y características de sendos tipos de sueños, las personas que tienen pesadillas describen ansiedades primarias de extrañas intromisiones y desapariciones; los soñadores lúcidos reportaron sensaciones de volar y caer, sentimientos de presagios y experiencias con colores puros y formas geométricas; y el grupo de soñadores arquetípicos habla reminiscencias de temas de cuentos de hadas, escenarios de ciencia ficción con frecuencia geométricos y de gran realidad visionaria.

## Los sueños a través del tiempo

La antropología ha estudiado los sueños de manera transcultural antes que cualquier otra disciplina, especialmente su contenido e interpretación, en sociedades occidentales y no occidentales. Desde el principio de los tiempos, la cuestión de qué son y qué representan los sueños ha preocupado al ser humano. Diferentes culturas han considerado los sueños como mensajes que llegaban del más allá, tanto procedentes de los dioses, como por influencia de los demonios. A continuación, se resumen las más interesantes.

En la antigua India, existía la visión de que la vida es un sueño del que simplemente somos sus manifestaciones. En la civilización griega incluso tenían un dios de los sueños, Morfeo, hijo del dios del sueño, Hypnos. Con una visión más práctica, Hipócrates escribió un libro sobre los sueños en el que hablaba, como médico, de su utilización para diagnosticar y tratar enfermedades. También en Grecia, tanto Platón como Aristóteles abordaron el tema del papel de los sueños y su relación con las percepciones y los estados de consciencia. Tanto entre los griegos como entre los babilonios, los egipcios, los musulmanes y otros pueblos de la antigüedad, existían especialistas en la interpretación de los sueños, y estas personas eran consideradas como sabios referentes para la toma de decisiones. Actualmente, muchas etnias, no occidentales en su mayoría, conservan sus ancestrales interpretaciones de los sueños, estudiadas con detalle por los antropólogos. Por ejemplo, entre los melpa, etnia de Oceanía, los sueños reflejan asuntos cotidianos, pero se presentan en un lenguaje que debe ser interpretado.

Por su parte, los toltecas daban una gran importancia a los sueños y a la relación energética entre el estado dormido y despierto. Los trabajos del antropólogo y chamán Carlos Castaneda son una referencia en la descripción minuciosa de sus prácticas, dando un sentido a la ensoñación como una puerta entre lo terrenal y lo espiritual. A la parte terrenal, relacionada con los sentidos y sus percepciones, la llamaban tonal y a la parte energética, nagual. Según la visión occidental, la relación entre los sueños y los conceptos de tonal y nagual puede explorarse desde varias perspectivas. Esta visión occidental suele ser individualista (los sueños como reflejo de la psique personal), mientras que el nagual implica una conexión con una realidad cósmica o energética.

Habría que sumar la perspectiva del chamanismo, para la que el sueño puede ser una herramienta de poder o conocimiento espiritual, mientras que en Occidente suele ser objeto de análisis o terapia. En cualquier caso, tanto la visión occidental como otras tradiciones reconocen que los sueños trascienden la realidad cotidiana, pero mientras la primera los psicologiza o neurobiologiza, tradiciones como la tolteca los ven como un acceso a lo sagrado (nagual). Un diálogo entre ambas visiones podría enriquecer la comprensión de los estados alternativos de conciencia.

## Prácticas ancestrales de ensoñación

Durante el sueño, las energías se mueven con más facilidad y, con una mejor utilización de estas, se puede conseguir expandir la conciencia.

Para estas prácticas, se utilizan dos estrategias de entrenamiento: la recapitulación, repasando minuciosamente las actividades de cada día e incluso de la vida; y la pérdida de la importancia personal, que caracterizaba el denominado camino del guerrero. Dicho camino es una manera de disolver la importancia del ego, de modo que la energía que se gasta en mantener la imagen de uno mismo se puede invertir en expandir la conciencia. Todo el proceso comienza con lo que se denomina «el intento». La clave es intentarlo, no importa si se consigue o no; el intento es todo lo que se puede y se debe hacer. Se trata de perseverar sin desanimarse hasta que aparece el cambio, que consiste en una modificación de la percepción.

Otra forma de acceder al conocimiento es «el acecho», que es la observación minuciosa de todos los fenómenos que permite tomar consciencia de ellos y, en un momento dado, acceder a la energía sutil que los caracteriza. En la tradición tolteca se podía diferenciar a los chamanes que tenían más habilidad para el intento como forma de trascender la dimensión ordinaria de los dotados para la capacidad del acecho; en unos predominaba la intención y en los otros, la atención como medio para conectar con otro nivel de conciencia.

La práctica de la recapitulación tiene distintas versiones según las tradiciones, como los ejercicios de san Ignacio de Loyola, las prácticas pitagóricas o el budismo tibetano. Todas suponen una revisión de la conciencia y forman parte de lo que podríamos denominar «filosofía perenne». Más que recordar los acontecimientos, se trata de observar retrospectivamente qué nos sucedió, qué se movilizó dentro de nosotros ante cada uno de ellos, cuál fue la reacción ante cada situación. Por un lado, haciendo esta revisión, uno seguramente observará lapsos más o menos prolongados en los que hay ausencia de conciencia de sí mismo; puede que no recuerde en absoluto qué es lo que sucedió durante varias horas del día, o bien que se recuerde a sí mismo envuelto por las situaciones, con escasa autopercepción.

En cualquier caso, realizar esta revisión retrospectiva ayuda a que al día siguiente pueda haber algo más de conciencia de uno mismo dentro del comportamiento mecánico cotidiano, lo cual siempre es positivo, ya que, además de permitirnos identificar patrones de conducta, emociones y todo aquello de lo que no nos dimos cuenta mientras lo vivíamos, posibilita que, al día siguiente, la lucidez vigil sea mayor: el cerebro recobrará el sendero de la clarividencia que hemos trazado la noche anterior… y el día ya no será el mismo.

Es particularmente importante revisar aquellos comportamientos que reconozcamos como más habituales, los que se repiten por sí solos sin que lo advirtamos o sin que los provoquemos. Esto nos permite darnos cuenta de que no nos estamos dando cuenta, es la forma de tomar consciencia de que estamos inconscientes, dormidos, automatizados. Cerrando el día con nuestra revisión de conciencia, llevamos lucidez hacia el mundo de los sueños, con más posibilidades de recordarlos al día siguiente si es nuestro propósito.

## Prácticas tibetanas con el sueño

La tradición tibetana propone varios ejercicios con el objetivo de trascender lo que inicialmente resulta evidente. Como práctica para trabajar en la interdependencia entre la forma y la vacuidad, podríamos hacer lo siguiente. Si te miras en un espejo, podrás centrarte en tu forma, en tu imagen, pero si mantienes la mirada comenzarás a ver que se desdibuja tu figura como tal y que todos los reflejos que aparecen no son tu imagen; observarás cómo esta se diluye y tus sensaciones mudarán hacia un estado que te permitirá ir más allá de lo puramente palmario. Esto puede practicarse con cada sentido, de manera que, al disolverse las percepciones de los sentidos, se alcanza un nivel de consciencia que nos lleva más allá de lo evidente. Si meditas, dejando de utilizar el espejo, podrás llegar a la conclusión de todo lo que en realidad es ilusión, una interpretación, algo mucho más sutil de lo que nuestros sentidos pueden hacernos creer.

Todo esto lo podemos relacionar con lo que llamamos experiencia onírica, que es un estado de ilusión al que accedemos cuando estamos durmiendo. Cuando nos quedamos dormidos, experimentamos la disolución de las cinco percepciones sensoriales y poco a poco entramos en un estado más profundo del sueño, desconectando del entorno, hasta que llega un momento en el que prácticamente nos quedamos en blanco. Lo que ocurre es que nuestras consciencias sensoriales se retiran de su interacción activa con los objetos externos. Es justo en esos momentos cuando nos es posible mirar la experiencia no conceptual de las percepciones.

En la siguiente etapa puede ser que aparezcan todas las experiencias sensoriales como si fueran reales; es más, es común no reconocer que estamos soñando, el sueño se concibe como una continuación del estado ordinario. Es por eso que la confusión entre mente y percepción se mantiene. Como sucede con todas las prácticas, a mayor entrenamiento, más potencialidad alcanzaremos, y si el premio es poder desarrollar nuestras capacidades a través del sueño consciente y los llamados «sueños lúcidos», el estímulo es más que suficiente.

Como cierre de este capítulo quiero hacer, cómo no, una vinculación con la muerte. Y es que todo lo que acontece durante la experiencia del sueño y la desconexión de los sentidos es similar a lo que ocurre durante el proceso de morir, con una secuencia específica que no muestra contradicciones con lo que se observa en la ciencia occidental. La interrupción paulatina de las funciones fisiológicas comienza por lo orgánico que nos conecta a la tierra, continúa por el enlentecimiento de los cambios y la dificultad para el movimiento, con progresiva pérdida de la energía vital, y sigue con la desconexión de la atención y el papel de la mente, que se desentiende del contacto con el mundo exterior y entra en una etapa en la que puede recibir percepciones del mundo sutil, a veces en forma de visitas de familiares fallecidos u otra clase de visiones de las que hablaremos más adelante.

# 6

# Los sueños y la muerte

*Como un mar, alrededor*
*de la soleada isla de la vida,*
*la muerte canta noche y día*
*su canción sin fin.*

RABINDRANATH TAGORE

Podemos decir que dormir es un ensayo del proceso de morir. Partiendo de esta premisa, exploraremos la interesantísima relación existente entre los sueños, la muerte y el inconsciente basándonos en teorías psicológicas, en las aportaciones de las antiguas tradiciones y en las contribuciones de la ciencia moderna.

Para abordar este tema, merece la pena comenzar por la relación entre el cuerpo y los sueños. Soñar implica una desconexión de los sentidos. De manera similar, el proceso de morir también conlleva una desconexión progresiva de todo aquello que nos une al mundo que nos rodea. De hecho, la enfermedad, como causa habitual de lo que llamamos muerte, consiste en un deterioro gradual de los aspectos biológicos que termina disolviendo todo lo físico para entrar en otra dimensión, a la que llamamos muerte. La similitud con el sueño es muy evidente, con la diferencia de que tras el sueño ordinario volvemos al estado de vigilia cada mañana, mientras que al morir no despertamos en esta dimensión. Durante el sueño, permanecemos habitualmente en un estado de inconsciencia, aunque recordemos algunas fases al despertar. Así, podría ser interesante explorar lo que ocurre en ese periodo de inconsciencia.

Carl Gustav Jung tuvo una experiencia personal, tras sufrir un infarto, que le permitió explorar sus sueños y describió su simbología en uno de sus textos. La descripción de Jung sobre el inconsciente y sus características son la base para comprender la relación entre los sueños, el proceso de morir y las manifestaciones en lo que conocemos como mundo real, con las influencias sutiles en la experiencia cotidiana de todo lo almacenado en lo que denomina inconsciente. Jung plantea dos aspectos del inconsciente: el llamado inconsciente colectivo y el inconsciente personal. El inconsciente colectivo contiene toda la herencia espiritual y psíquica de la humanidad, y es la base de la estructura personal que se manifiesta en cada individuo. Está constituido por imágenes primordiales denominadas arquetipos, las cuales se expresan culturalmente a través de los mitos de cada pueblo e individualmente generando pautas de conducta muy concretas en cada persona. Para Jung, los arquetipos son imágenes simbólicas inherentes a la psique humana que se manifiestan en mitos, cuentos de hadas, sueños y símbolos culturales. Estos arquetipos son universales y están presentes en todas las culturas, aunque pueden manifestarse de formas diferentes. Algunos de los arquetipos más conocidos son:

- El ánima y el ánimus. Representan los aspectos femeninos y masculinos de un individuo, independientemente de su género. El ánima es la parte femenina en el inconsciente masculino, mientras que el ánimus es la parte masculina en el femenino. Su relación con la visión taoísta del yin y del yang es muy evidente.

- La sombra. Símbolo de los aspectos oscuros y reprimidos de nuestra personalidad, aquellos que preferimos no reconocer en nosotros mismos. Puede manifestarse, por ejemplo, en sueños en los que nos enfrentamos a rasgos de nuestra personalidad que preferimos ignorar, que se manifiestan en forma de ira o miedo. Identificarlos y aceptarlos es crucial para el crecimiento personal.
- El sí-mismo. Representa la totalidad de la psique, la armonía entre los aspectos conscientes e inconscientes de la personalidad. Buscar la integración del sí-mismo es el objetivo final del individuo según la teoría junguiana.
- El inconsciente colectivo. Se puede expresar a través de los sueños y también en la vida cotidiana. Todo lo que hacemos pasa a formar parte de ese inconsciente colectivo como información energética que afectará a todo y a todos. Lo que cada uno es forma y formará parte de lo que el resto de la humanidad recibe bajo la forma de contenidos de lo colectivo.
- El inconsciente personal. Se caracteriza, según Jung, por todos los sucesos ocultos que hemos vivido a lo largo de nuestra vida. Pueden ser recuerdos olvidados, traumas no resueltos, deseos reprimidos u otros episodios que influyen en nuestra personalidad y comportamiento.

Otro elemento fundamental en la psicología analítica de Jung es la dimensión espiritual y trascendente de la vida humana. Jung estaba interesado en explorar las experiencias místicas, los símbolos religiosos y las prácticas espirituales de diferentes culturas como una forma de conexión con la totalidad de la psique y el universo. Según él, la espiritualidad y la trascendencia son inherentes a la naturaleza humana y pueden ofrecer un sentido más profundo de significado y propósito en la vida. Integrar la dimensión espiritual en el proceso terapéutico ayuda a conectar con el verdadero yo y a encontrar respuestas a las preguntas existenciales más profundas.

En la psicología junguiana, los sueños se consideran productos de la naturaleza, emanaciones de aquella fuerza creativa que se encuentra implícita en la conformación de las células, en los tejidos de las hojas de los árboles, en nuestra piel y en las expresiones culturales y artísticas. Se les atribuye, por tanto, una sabiduría intrínseca que se expresa través de imágenes simbólicas. Por eso, comprender la lógica de cómo el cuerpo se expresa en los sueños puede ayudar a entender que la inteligencia del inconsciente fabrica material onírico también para dar cuenta de qué le está sucediendo a nuestra identidad corporal. Esta relación va más allá de cuando se presenta una enfermedad.

Todo esto, una vez más, no es nuevo. Hipócrates, considerado el padre de la medicina occidental, escribió un tratado sobre los sueños en el que sugería que las imágenes oníricas podían reflejar el estado de salud del soñante. Aristóteles, por su parte, abordó el tema desde una perspectiva más filosófica, señalando que los sueños podían revelar síntomas tempranos de enfermedades. De hecho, escribió tres obras relativas al sueño, con una aproximación más filosófica que interpretativa. Señalaba:

> Puesto que todos los comienzos son poco importantes, es evidente que el comienzo de las enfermedades y otros accidentes que se producen en el cuerpo también lo son. Es natural, pues, que estos síntomas sean necesariamente más claros durante el sueño que en estado de vigilia.

Si avanzamos a épocas más recientes, son numerosas las investigaciones enfocadas en observar los fenómenos oníricos que relacionan la enfermedad y el proceso de morir con el inconsciente y sus manifestaciones físicas y psicológicas. Destacan las realizadas por la doctora Patricia Garfield, (cofundadora de la Association for the Study of Dreams), quien ha hecho un profundo análisis de los procesos oníricos en personas enfermas. En su libro *El poder curativo de los sueños* afirma que el cuerpo suele simbolizarse en los sueños a veces literalmente, o sea, con la imagen del cuerpo mismo o de sus órganos, y muchas otras metafóricamente, sobre todo en aquellos sueños en los que aparecen casas, vehículos, animales, máquinas y otros objetos representativos de las partes del cuerpo afectadas. Dedujo que ese material onírico eran respuestas del cerebro a micropercepciones corporales magnificadas y dramatizadas por el inconsciente durante el sueño.[2]

En la misma línea, existen diferentes investigaciones que dan cuenta de cómo se producen los procesos oníricos de los pacientes moribundos. Christopher Kerr, médico y neurocientífico, está entre los primeros investigadores que prestaron atención a este tema, liderando un equipo cuyo objetivo era comprender y aprender más sobre las experiencias al final de la vida. En sus estudios encontró que para el 60 por ciento de los pacientes los sueños eran reconfortantes, mientras que para el 18,8 por ciento eran angustiantes. La mayoría de ellos describieron sus experiencias oníricas como especialmente vívidas, y esto les ocurría incluso a aquellas personas que, generalmente, no solían recordar los sueños. En los sueños agradables, el amor y el perdón eran temáticas recurrentes, y muchos de los moribundos se sentían tranquilos por haber sido buenos padres, hijos o trabajadores; otras veces aparecían escenas en las que el cuerpo recuperaba funciones que se habían deteriorado. En cambio, quienes tenían sueños desagradables revivían en ellos experiencias traumáticas que parecían reales; los temas estaban vinculados con la culpa por cuestiones no resueltas. Kerr ob-

2. Garfield, P., *El poder curativo de los sueños*, Barcelona, Robinbook, 2001.

servó que, a medida que los pacientes se acercaban a la muerte, muchos tenían sueños y visiones de seres queridos fallecidos que regresaban para consolarlos en sus últimos días. A lo largo de diez años, Kerr y su equipo de investigación registraron las experiencias del final de la vida de mil cuatrocientos pacientes y familias y pudieron constatar que más del 80 por ciento de los entrevistados, sin importar el ámbito social, el origen o el grupo de edad al que pertenecían, tuvieron experiencias al final de la vida que parecían implicar algo más que sueños extraños.

Otras aportaciones interesantes son las de Peter Fenwick, neuropsiquiatra y neurofisiólogo británico recientemente fallecido, que investigó durante muchos años el fenómeno de las visiones y de los visitantes que aparecen para acompañar a quien pronto partirá. Entre sus aportaciones, destacan sus libros *The Hidden Door*,[3] en el que desarrolla un análisis en profundidad para comprender y controlar los sueños, y *El arte de morir*,[4] donde describe y analiza las experiencias al final de la vida. También son clave los estudios realizados por el doctor Matthew Walker, quien ha explorado cómo los sueños están relacionados con la consolidación de la memoria y el procesamiento emocional, lo que podría tener implicaciones para entender cómo enfrenta el cerebro la idea de la muerte.

Un aspecto especial de los sueños y del proceso de morir es el relacionado con la pérdida de un familiar o de alguien con quien existe un vínculo estrecho. Los sueños vívidos en los que aparecen personas fallecidas pueden tener dos características, según relata la psicóloga experta en sueños y psicología transpersonal Virginia Gawel. Si quien sueña se encuentra en un proceso de duelo, sus sueños, generalmente, indican que el inconsciente está elaborando

---

3. Fenwick, P., *The Hidden Door*, Reino Unido, White Crow Books, 2020.
4. Fenwick, P., *El arte de morir*, Girona, Ediciones Atalanta, 2015.

la pérdida. No es raro soñar con la persona y sorprenderse de que esté viva. Otra de las características de estos sueños es que son tan vívidos como la realidad vigil. Estas experiencias tienen la cualidad de ser trascendentes, aun para quien no tuviese una inclinación hacia lo espiritual, y facilitan que la persona cierre una etapa muy importante del duelo y pase a otro estadio, más sereno y de aceptación. Respecto de esta última categoría de experiencias oníricas, hay registros de que la persona fallecida, más allá de despedirse y confirmar que está bien, deja indicaciones a su ser querido, mensajes como que siga adelante, que continúe con sus estudios o que se permita volver a tener pareja.

En la tradición tibetana, las experiencias que uno tiene mientras duerme y mientras muere se deben a la disolución de los diferentes elementos que nos constituyen. Esta disolución corresponde a los niveles sutiles de la conciencia y puede ser el resultado de la práctica de la meditación u otras técnicas como el yoga del sueño o las practicas chamánicas del ensueño. Estos cambios sutiles de la conciencia están en estrecha relación con los cambios en la energía vital. En el caso del proceso de morir, con la progresiva pérdida de energía a nivel biológico, que va disolviendo todos los aspectos que nos mantienen conectados con este plano vital.

Seguro que te suena el término «elemento». En las antiguas tradiciones de sabiduría, representa una manera de describir las manifestaciones de la energía. Cada elemento simboliza una cualidad y está ligado a un órgano, a una estación o a cualquier fenómeno o experiencia. Esta descripción es útil para aplicarla a la simbología de los sueños, al proceso de vivir o al de morir. Los elementos de los que hablamos son tierra, agua, fuego, aire y madera, y todos están relacionados e interconectados entre sí.

Durante los procesos de morir y de dormir, los elementos más densos se disuelven en los más tenues. A medida que va degenerando la capacidad de los primeros para servir de apoyo a la conciencia, los segundos se hacen más patentes. Inicialmente, el elemento de la tierra degenera y se diluye en el del agua. Conforme vamos entrando en el sueño, se va perdiendo la información de los sentidos, se van desconectando los aspectos sólidos del cuerpo. En el proceso de morir ocurre algo similar, tanto si hay una enfermedad que inicie el proceso como si es por envejecimiento natural; el cuerpo físico se va deteriorando, la piel se seca, la flexibilidad disminuye. Hay un adelgazamiento drástico y los miembros se relajan, por eso merma la fuerza física, y se reducen mucho la vitalidad y el tono del cuerpo, dejando a la persona agotada. Los sentidos van perdiendo sus capacidades.

El elemento siguiente es el agua, que se relaciona con la energía del cambio, con la característica dinámica de la vida. El cuerpo pierde agilidad y la piel se seca todavía más. El sentido del tiempo y del espacio se altera, tanto en el sueño como en el proceso de morir. En esta fase de disolución del elemento agua aparece el miedo al cambio. Como paralelismo, en los sueños pueden surgir imágenes relacionadas con el agua y las tormentas. En el tránsito hacia la muerte se secan boca, lengua y garganta debido a la pérdida de saliva, y se forma una película de espuma en los dientes. También disminuyen las secreciones de otros fluidos como la orina y el sudor. Ya no se perciben los sonidos y se detiene el murmullo normal que oímos en el silencio. Lo que ves en tu mente adopta la forma de nubecillas de humo, o de un humo tenue que flota en una habitación, o una columna de humo que sale de una chimenea. En los sueños, la desconexión de los sentidos se manifiesta como estar flotando en un espacio neutro, todavía con alguna conexión con esta realidad, que aparece como lejana y vaporosa. La conciencia cada vez se vuelve menos dualista, dado que gradualmente hay menos sensación de sujeto y objeto. La diferencia es que en el sueño la dualidad se recupera al despertar y en el proceso de morir, si se continúa, se entra en el misterio de otra dimensión.

Cuando nos adentramos en el misterio de los diferentes niveles de consciencia o conciencia durante el sueño, así como durante el proceso mismo de morir, nos encontramos con la creencia de presencias o seres espirituales con los que se puede contactar. A menudo se suma además la idea de que esos seres son los espíritus o las almas de las personas difuntas. Si bien es cierto que en Occidente, desde hace mucho tiempo, el racionalismo ha combatido y tratado de reprimir al espiritismo, esta creencia se encuentra tanto en pueblos de la más elevada cultura como entre los que viven aún en su era paleolítica. Para algunos, hay elementos del hombre, incluyendo su memoria y su personalidad, que sobreviven a la muerte biológica; a esta forma del ser se le llama espíritu, alma, conciencia o entidad desencarnada, dependiendo del contexto. En concreto, la esencia del concepto de alma está ligada a la idea de que hay una existencia, algún aspecto de nuestra consciencia, que se extiende más allá de los límites del cuerpo. Una diferencia con los espíritus sería que el alma está ligada al cuerpo de una persona mientras vive y el espíritu sería una entidad externa.

La concepción de la existencia de un alma o espíritu aparece en el ser humano, probablemente, en el momento mismo en el que toma consciencia de la certeza de la muerte, aunque la manera de interpretar ese deseo de trascendencia ha ido cambiando a lo largo de la historia. Sirvan de ejemplo desde la idea de que el ser humano tenía dos o más almas hasta la noción de individualidad del alma, propia de cada individuo. En general, los diferentes tipos de alma definían las características de la persona, en una visión que podemos identificar como el ego, tal y como se concibe en Occidente, o como un atributo divino.

Para los nativos americanos, como los apaches y los navajos, al producirse la muerte, la esencia buena del difunto parte hacia el otro mundo, mientras que la mala puede permanecer cerca del cuerpo del muerto e incluso manifestar su espíritu para hacer daño a los vivos con los que tuviera cuentas pendientes. En Occidente, la idea de alma aparece en la cultura griega, con Platón y Aristóteles, que consideraban que era un atributo humano ligado a estar vivo, sin vinculación a ningún concepto moral. Con el paso del tiempo, esta idea se va modificando y se va estructurando el alma como algo inmortal, pensamiento central en la visión judeocristiana. Se considera que el alma forma parte del cuerpo y que cuando este muere sigue en otra dimensión. En contraste con la visión judeocristiana, en las corrientes orientales (principalmente en el budismo tibetano) existe un equivalente al concepto de alma que se parece más a lo que conocemos como conciencia; esta pasa por diferentes etapas y, al morir la persona, todos los conceptos mentales se disuelven en la conciencia sutil, aunque puede permanecer durante cuarenta y siete días en un estado intermedio hasta renacer en un ser diferente, que incluso puede ser un animal (concepción que no se contempla en el cristianismo, que afirma que solo el hombre puede tener alma).

A lo largo de la vida, cada individuo puede practicar a través de los sueños, como hemos descrito anteriormente, para hacer la transición del morir de forma adecuada. Hemos de saber también que algunos sueños nos conectan con nuestros seres queridos ya difuntos; a esta conclusión han llegado varios expertos tras extensos estudios psicológicos mediante entrevistas a personas que han tenido esta experiencia con el más allá.

En este marco, los espíritus que hemos mencionado unas líneas más arriba también tienen un papel real y simbólico especial. Podemos decir que existen en un estado no físico, es decir, más allá de las tres dimensiones conocidas por la física de hoy, diferente del electromagnetismo, la gravitación o las fuerzas nucleares. Los espíritus pueden interactuar con el mundo físico y con los seres humanos bajo ciertas condiciones, produciendo una gran diversidad de fenómenos anómalos o paranormales, desde la psicokinesis hasta la mediumnidad. Pueden también comunicarse con los seres humanos y facilitarles información susceptible de ser verificada de forma independiente, por lo general a través de médiums y psíquicos. De hecho, una de las evidencias más fuertes de la supervivencia de la conciencia y de la vida después de la muerte se encuentra en el fenómeno de la mediumnidad, que se define como la capacidad de algunas personas para actuar como canal o medio de comunicación de inteligencias no físicas, sean espíritus o personas.

Hoy por hoy, la ciencia no ha podido encontrar evidencias que demuestren la existencia del alma o del espíritu como tal. Tener que abordar simultáneamente aspectos subjetivos y objetivos dificulta que las características del método científico puedan parametrizar lo intangible, lo que no le quita un ápice de valor a las experiencias que puedan tenerse y que dan sentido a las dimensiones que intuimos que existen más allá del mundo material. Estas experiencias cercanas a la muerte, al final de la vida o de expansión de la conciencia fuera del cuerpo son temas que la ciencia actual intenta abordar. En nuestro caso, la Fundación Metta Hospice forma parte de un grupo de ámbito mundial que trata de estudiar las manifestaciones sobre la materia de lo que acontece durante el proceso de morir.

En cualquier caso, según lo visto en este capítulo, podríamos resumir que los sueños y la muerte están intrínsecamente ligados por medio del inconsciente y de las experiencias subjetivas de quienes se enfrentan al final de la vida; también de quienes se quedan en este plano. Aunque la ciencia aún no ha podido explicar estos fenómenos, las tradiciones antiguas y los estudios modernos nos ofrecen una visión fascinante de cómo el ser humano enfrenta la idea de la trascendencia a través de conceptos como alma o espíritu u otros.

# 7

# Mente, corazón, cerebro
# y consciencia

*Mi cerebro es el caos, mis ojos la destrucción, mi
esencia la nada.*

Gustavo Adolfo Bécquer

Nuestra vida cotidiana está llena de fenómenos que consideramos normales sin que en ningún caso nos planteemos cómo se han producido. Simplemente vivimos. Con suerte nos damos cuenta de lo ocurrido y lo almacenamos como experiencia. Pero si rascamos un poco más, observaremos que en este proceso han tomado parte nuestra mente, su cualidad de darse cuenta de las cosas, de tomar consciencia de ellas, y nuestro cerebro, como epicentro, desarrollando todas sus capacidades y características, de las que iremos hablando.

En este capítulo nos vamos a centrar en algunos aspectos relevantes de esa función del cerebro que nos permite interactuar de forma bidireccional con el mundo que nos rodea, utilizando la mente, la consciencia y los mecanismos que aparecen en la creación de las experiencias, así como en el papel de estas en la vida cotidiana. Estamos hablando de la intención, la atención, los pensamientos y el propósito. Analizaremos estos conceptos claves para usarlos como guía en la vida diaria, así como en el proceso de morir.

Es el momento de volver a las cuestiones fundamentales sobre el sentido de la vida, sobre cuál es el propósito que nos mueve a lo largo de nuestra existencia y sobre cómo construimos la realidad y damos sentido a lo que experimentamos.

## El propósito

Como seres humanos, tendemos a construir el universo tomándonos como referencia a nosotros mismos. El ego toma, habitualmente, el protagonismo y construye una idea de la intención relacionada con nuestras capacidades, lo que llamamos voluntad o capacidad de decisión, y lo hace interpretando la intención y la energía que ponemos para conseguir un objetivo. De esta manera, establecemos una relación lineal entre la causa y el efecto, entre quien genera la intención y el objetivo final. Al actuar de este modo, se desdibuja un aspecto fundamental: cuál es el propósito en la vida de cada uno. Cuanto más protagonismo personal se adquiere, más se pierde de vista el propósito que nos mueve a lo largo de la vida. Podemos considerar este como una fuerza que existe en el universo y que nos guía de forma intangible; podemos reconocerlo, si reflexionamos, como un anhelo inespecífico que nos mueve hacia algún espacio intangible fuera de uno mismo. Es la tendencia natural a encontrar la armonía dentro de uno mismo y con lo que nos rodea.

El físico David Bohm, en sus escritos sobre la totalidad y el orden implicado, hablaba de la existencia de una fuerza invisible o realidad superior que se manifiesta ordenando toda la información e interaccionando con ella.

## La intención

Existe un campo invisible y sin forma determinada que lo vincula todo. La intención se manifiesta en infinitas formas en el mundo físico y en cada parte de nosotros, incluyendo el alma, los pensamientos y las emociones. Una dificultad para abordar el papel de la intención en lo concerniente a los aspectos sutiles radica en el protagonismo que, como ya hemos visto, toma lo físico, las formas. Cuanto más nos centramos en la creación de las formas, más nos distanciamos del papel de la intención.

Wayne Dyer, el famoso psicólogo y escritor americano, contaba en sus libros que todo el universo es fruto de la intención. La intención es una fuerza, es la relación entre la conciencia y el mundo. Es la parte de uno mismo que dice: «Voy a hacer que esto ocurra». Para que sea efectiva, debe ir acompañada de un propósito, un objetivo y una acción. Es el motor que mueve el mundo y juega un papel fundamental en nuestra vida, y es importante dejar claro que está vinculada al deseo que motiva una acción y no al resultado o consecuencia.

Lynne McTaggart, periodista y profesora americana, se ha dedicado a revisar diferentes estudios de investigación sobre la intención, la atención y los pensamientos, y ha llegado a las siguientes conclusiones:

- El efecto de la mente sobre la materia sugiere que la intención tiene efectos variables que dependen tanto del estado del sujeto como del momento y el lugar en que se origina.
- El poder de la intención se multiplica cuando hay mucha gente teniendo el mismo pensamiento al mismo tiempo.
- Según las pruebas experimentales, el poder del pensamiento trasciende el tiempo y el espacio.
- Los pensamientos humanos y las intenciones tienen el poder

de cambiar nuestro mundo. Cada pensamiento que tenemos es una energía intangible con poder para transformar las cosas. Un pensamiento no es solo una cosa; un pensamiento es una cosa que ejerce influencia sobre otras.

En las últimas décadas se han realizado varios experimentos que evidencian que el hecho de tener ciertos pensamientos dirigidos a un fin puede afectar a nuestro propio cuerpo, a los objetos inanimados y prácticamente a toda la materia viva, desde los organismos unicelulares hasta los seres humanos. Robert Jahn y Brenda Dunne, creadores del programa de Investigación de Anomalías de Ingeniería de la Universidad de Princeton (PEAR por sus siglas en inglés), reunieron minuciosamente durante treinta años algunas de las pruebas más convincentes sobre el poder de la intención dirigida para afectar a todo tipo de estructuras. Sus investigaciones se reducían a una pregunta: si el acto de la atención afectaba a la materia física, ¿cuál era el efecto de la intención, de intentar producir un cambio deliberadamente?

En nuestro acto de participación como observadores en el mundo cuántico, podríamos ser no solo creadores, sino también factores influyentes. Jahn y Dunne demostraron el efecto de la intención sobre generadores de eventos aleatorios. Estos equipos son el equivalente electrónico de lanzar una moneda al aire y observar si sale cara o cruz, pero en este caso, se trata del paso de una corriente eléctrica y del registro del momento como positivo o negativo, como 0 o 1. Estas secuencias que se producen al azar, según las leyes de la probabilidad, darán el 50 por ciento de las veces 0 y la mitad restante, 1. El registro de las secuencias se almacena en un ordenador para poder ser analizado. En más de dos millones de ensayos, demostraron que los participantes eran capaces de influenciar al equipo en la dirección que los investigadores les habían indicado previamente, modificando de esa manera lo que se esperaría por azar.

Los experimentos señalados demuestran que la materia física puede ser influenciada y alterada por el pensamiento. Sin embargo, se desconoce el mecanismo mediante el cual esto puede ocurrir. En diferentes investigaciones se han obtenido datos que muestran que en una persona en posición de pie, la respiración y los latidos cardiacos producen una energía electrostática de entre 10 y 15 milivoltios que se puede registrar con un electroencefalograma (EEG). Haciendo estos registros en actividades que requieren una atención enfocada, como la meditación, se observa que el potencial puede aumentar en 3 voltios, y que durante ciertas prácticas de sanación, los sanadores producen saltos de voltaje que pueden llegar a 190 voltios. Estos pulsos energéticos provienen del abdomen de los sanadores, región denominada tantien por los practicantes de las artes marciales o Chi Kung, o hara por los yoguis, quienes la consideran como la central energética del cuerpo. El conocimiento de estos centros energéticos se remonta a hace más de dos mil años, tanto en la tradición de la medicina china como en el hinduismo, que los denominaba chakras; de hecho, en sus diferentes escuelas se desarrollaban técnicas específicas para la canalización energética y su utilización con intenciones armonizadoras o sanadoras.

Para medir la energía producida por los sanadores, William Tiller, un ingeniero canadiense, construyó un equipo que descargaba gas continuamente y registraba el número de electrones que fluía con cada descarga. Utilizando voluntarios que colocaban sus manos a unos quince centímetros del aparato mientras mantenían simultáneamente la intención de incrementar el contaje, descubrió que, durante la intención, el número de pulsos registrados aumentaba considerablemente y permanecía así durante cinco minutos, aunque los participantes estuvieran alejados del equipo. De esta manera se concluyó que los pensamientos producen energía física, constatable aun a distancias remotas.

El mecanismo mediante el cual la intención produce sus efectos parece ser que funciona mediante la emisión de unas partículas denominadas biofotones. El biofísico Fritz-Albert Popp fundó el Instituto Internacional de Biofísica de Alemania, formado por una red internacional de diecinueve grupos de investigación de trece países diferentes, todos ellos involucrados en la investigación de biofotones y sistemas de coherencia en biología. En sus diferentes estudios han demostrado que todos los organismos vivientes, incluyendo los seres unicelulares, emiten un flujo constante de fotones o pequeñas partículas de luz cuyo índice depende de la posición del organismo en la escala evolutiva; cuanto más complejo sea el organismo, menor es el número de fotones emitidos. Por ejemplificarlo, los animales rudimentarios (que carecen de órganos respiratorios especializados) o las plantas emiten alrededor de cien fotones por centímetro cuadrado cada segundo, con una longitud de onda de entre 300 y 800 nanómetros, correspondiente al rango visible, mientras que los seres humanos solo emiten diez fotones por centímetro cuadrado por segundo. Popp creía que los organismos vivientes utilizaban la emisión de biofotones solamente como un medio para emitir señales instantáneas no locales de una parte del cuerpo a otra, con el fin de enviar información sobre el estado de salud corporal o sobre el efecto de un tratamiento particular. Pero, según parece, la emisión de biofotones es en sí misma un sistema de comunicación entre los seres vivientes.

En sus investigaciones también demostraron que la intención de curación generaba luz. Cuando los sanadores objeto de estudio colocaban sus manos debajo de la cámara durante diez minutos sobre un fondo blanco, un halo de luz fluía de ellas. Concluyeron entonces que la intención de curación se manifestaba como una luz ordenada o coherente. En otras palabras, los seres humanos son receptores y emisores de señales cuánticas. La intención dirigida se presenta como una energía eléctrica y magnética que produce un flujo ordenado de fotones visibles y (de un tiempo a esta parte) medibles mediante equipos sensibles.

Otros científicos como Beverly Rubik han explorado la idea de un biocampo humano utilizando la investigación fotográfica de Kirlian para tratar de explicar la disciplina china del Chi Kung, que describe una energía vital llamada chi y que forma parte de todos los seres vivos. Los experimentos de Rubik se basaron en un tipo de dispositivo de descargas de gas (diseñado por el científico y filósofo Konstantin Korotkov) para producir imágenes que, se pensaba, permitían visualizar estos biocampos de chi en pacientes con enfermedades crónicas. Tras sucesivas investigaciones, Korotkov comprobó, además, que las emociones intensas como el amor, el odio y la ira producen un efecto extraordinario en la descarga de luz por parte del receptor de esas emociones.

Hay otro nombre relevante en este tipo de investigaciones. Se trata del neurofisiólogo y psicólogo mexicano Jacobo Grinberg, quien utilizó destellos de luz para estudiar la sincronización de los cerebros de dos personas situadas en habitaciones aisladas y a las que se daba la indicación de emitir un mensaje preestablecido. Observaron que los patrones del EEG del cerebro del transmisor evocados por la luz se repetían en el cerebro del receptor, que se encontraba en una habitación blindada eléctricamente a catorce metros del transmisor. Otro dato interesante de este estudio es que esta sincronía solo se dio entre pares de participantes que habían establecido un vínculo tras meditar juntos previamente durante veinte minutos.

Ahora dejamos el órgano del cerebro un rato para hablar de otro no menos interesante: el corazón. Diferentes investigaciones desarrolladas por Rollin McCraty o Nazareth Castellanos demostraron que el presentimiento de buenas o malas noticias se sentía tanto en el corazón como en el cerebro, cuyas ondas electromagnéticas se aceleraban o disminuían en frecuencia justo antes de que se le mostraran al sujeto fotografías con escenas perturbadoras o tranquilas. Es más, el corazón recibía esa información unos instantes antes que el cerebro, lo cual sugiere que el cuerpo tiene un aparato perceptual que le permite intuir el futuro, siendo el corazón el primer elemento de ese sistema en ser informado.

Son varios los estudios en el nuevo campo de la neurocardiología que muestran que el corazón es un órgano sensorial y un sofisticado centro de recepción y procesamiento de la información. El sistema nervioso presente en el corazón lo habilita para aprender, recordar y tomar decisiones funcionales independientemente de la corteza cerebral. Por otra parte, numerosos experimentos han demostrado que las señales que el corazón envía constantemente al cerebro influyen en las funciones de los centros más importantes de este, aquellos que involucran a los procesos de percepción, de conocimiento y a los emocionales. Aparte de la extensa red de comunicación nerviosa que conecta el corazón con el cerebro y con el resto de cuerpo, el corazón transmite información a estos interactuando a través de un campo eléctrico. Comparado con el producido por el cerebro, el componente eléctrico del campo del corazón es unas sesenta veces más grande en amplitud, y penetra en cada célula del cuerpo. Y si hablamos del componente magnético, es aproximadamente cinco mil veces más fuerte que el del cerebro y puede ser detectado a distancia del cuerpo con magnetómetros sensibles.

Si continuamos con investigaciones sólidas a este respecto, las realizadas en el Instituto HeartMath muestran que la información perteneciente al estado emocional de una persona también es comunicada a través del campo electromagnético del corazón. Los patrones rítmicos de los latidos del corazón cambian significativamente mientras experimentamos diferentes emociones. Sentimientos negativos, como la ira o la frustración, se asocian con un patrón errático, desordenado e incoherente del ritmo cardiaco; en contraste, sentimientos positivos, como el amor o el aprecio, están asociados con un suave, ordenado y coherente patrón en la actividad del ritmo cardiaco. A su vez, estos cambios en el patrón del ritmo cardiaco crean los cambios correspondientes en la estructura del campo electromagnético irradiado por el corazón, que puede ser medido mediante una técnica llamada análisis espectral. Se han encontrado evidencias de que dicho campo puede transmitir información también entre la gente, del mismo modo que se ha visto que las ondas cerebrales de una persona pueden sincronizarse con el corazón de otra. Estos descubrimientos tienen implicaciones intrigantes y muy interesantes, y sugirieron que aquellos individuos en un estado de coherencia psicofisiológica se vuelven más conscientes de la información codificada que aquellos que están a su alrededor. El resultado de estos experimentos lleva a deducir que el sistema nervioso actúa como una antena que está orientada y responde hacia los campos electromagnéticos producidos por los corazones de otros individuos. Posiblemente, esta capacidad de intercambiar información es una habilidad innata que intensifica la consciencia y mediatiza importantes aspectos de verdadera empatía y sensibilidad hacia otros. Además, esta habilidad de comunicación energética puede ser mejorada intencionalmente con la práctica, produciendo un nivel mucho más profundo de comunicación no verbal, entendimiento y conexión entre la gente. Quizá por eso el corazón está directamente relacionado con la percepción intuitiva de sucesos futuros o inminentes.

Todos los estudios comentados muestran evidencias del poder de la intención, como una energía que se manifiesta, concretándose bajo el efecto de la atención. En esa línea, están los estudios que se realizaron con monjes budistas de los Himalayas, capaces de elevar la temperatura de sus extremidades hasta ocho grados y de disminuir el metabolismo en un 60 por ciento. Durante el sueño, el metabolismo normalmente disminuye entre un 10 y un 15 por ciento, pero los monjes consiguieron evaporar, con el calor emanado de sus cuerpos, el agua fría que mojaba la túnica que los cubría, simplemente mediante el poder de sus pensamientos. Personalmente, he tenido la oportunidad de coincidir con un monje durante una expedición en el Himalaya que podía soportar temperaturas de muchos grados bajo cero vestido con una túnica sencilla, calzado con sandalias de cuero y alimentándose de raíces y agua de la nieve. Nos encontramos a cinco mil metros de altitud y pasamos una noche intercambiando opiniones. Él se dedicaba a enseñar a quien quería escucharlo y subía a la montaña a buscar flores que solo se encontraban allí y que utilizaba para curar; estas flores aparecían con el deshielo del glaciar. El monje entraba en tal estado meditativo que no le afectaban los elementos, lo cual contrastaba sobremanera con las necesidades de un equipo de escaladores con material para resistir las temperaturas.

## La atención

Conectando con la noción de intención, para que los seres humanos podamos construir la realidad en esta dimensión, se precisa el papel de la atención, una capacidad que tenemos y que se desarrolla desde el nacimiento. Definir la atención no es sencillo; de hecho, a lo largo de la historia han ido surgiendo múltiples definiciones de la mano de autores muy diversos, entre las que podemos destacar la propuesta por William James, el padre de la filosofía moderna, que la definió como la toma de posesión por parte de la mente, de forma clara y vívida, de uno de los que parecen ser diferentes objetos o líneas de pensamiento que suceden de manera simultánea. Su esencia son la localización y la concentración de la consciencia. Implica dejar de lado algunas cosas para poder tratar de forma efectiva otras.

Dicho de otra forma, la atención implica la percepción selectiva y dirigida hacia un objeto o fenómeno de interés. De manera generalizada diremos que la atención es la capacidad o habilidad cognitiva que nos permite seleccionar y procesar un estímulo para responder de manera efectiva ante este mientras dejamos de lado otros; es decir, se trata de una habilidad a través de la cual las personas somos capaces de seleccionar la información relevante del total disponible.

La atención es un proceso psicológico básico e indispensable para el procesamiento de la información sustentado por un complejo sistema neuronal encargado de controlar toda actividad mental. De modo sintético, podemos decir que la atención estaría integrada por componentes perceptivos, motores y motivacionales, sin que sea posible —en la actualidad— conocer el lugar del cerebro en que se ubica exactamente. Aunque se acepta que el cerebro derecho se centra más en la atención selectiva, se puede decir que lo que se conoce en el ámbito científico sobre la atención se basa en las manifestaciones patológicas cuando esta está afectada.

Siguiendo el modelo atencional propuesto por Sohlberg y Mateer, se pueden distinguir varios tipos de atención:

- La capacidad de estar alerta, de manera que se puedan seguir estímulos, denominada arousal.
- La atención focal, entendida como la habilidad para enfocarse en un estímulo ya sea visual, auditivo o táctil.

- La atención sostenida o capacidad para mantener una respuesta de forma consistente durante un periodo prolongado de tiempo.

- La atención selectiva, definida como la capacidad para seleccionar, de entre varias posibles, la información relevante que hay que procesar, inhibiendo unos estímulos mientras se atienden otros.

- La atención alternante, que es la capacidad para alterar el foco de atención entre tareas que implican requerimientos cognitivos diferentes, controlando qué información es procesada en cada momento.

- Y la atención dividida, la capacidad para atender a dos cosas al mismo tiempo, para seleccionar más de una información a la vez o de más de un proceso o esquema simultáneamente.

Prestar atención equivale a una actitud cerebral de preparación que se manifiesta como un esfuerzo neurocognitivo que precede a la percepción, a la intención y a la acción. Así, el sistema nervioso focaliza selectivamente nuestra consciencia para filtrar el constante fluir de la información sensorial, resolver la competencia entre los estímulos para su procesamiento en paralelo y reclutar y activar las zonas cerebrales para temporizar las respuestas apropiadas.

Más allá de la visión occidental centrada en la neuropsicología y en la búsqueda de los correlatos estructurales donde localizar la atención, la visión entre los chamanes de México estudiados por Jacobo Grinberg aporta una visión ligada, en un primer nivel, a la realización personal, ya que consideran que la atención es una manera de domar y enriquecer la conciencia a través del proceso de vivir. Ellos hablan de tres tipos de atención unida al desarrollo personal, vinculándolo a tres niveles de realización. La primera atención está asociada a la conciencia animal, que, mediante el proceso de la experiencia humana, ha sido convertida en una facultad compleja, intrincada y extremadamente frágil, encargada del mundo cotidiano. Se puede decir que todo lo que pensamos forma parte de la primera atención. Su manejo nos conforma como lo que somos en nuestra vida y, al mismo tiempo, nos condiciona para no ver más allá de aquello que hemos conocido a través de las percepciones obtenidas con nuestra focalización. Si solo conocemos lo que vemos, podemos ignorar todo aquello que no está en nuestro campo de visión. La llamada segunda atención tiene que ver con lo desconocido. Es un estado complejo al que se puede acceder con prácticas como la consciencia durante el sueño. Llegar a la tercera atención supone alcanzar un nivel de realización difícil de conseguir en la vida; es entrar en lo desconocido, en lo que se puede conocer cuando morimos. Cuando una persona muere, todo lo que tiene que ver en los aspectos de posibles correlaciones de su intención desaparece, al menos en lo que respecta a su actividad cerebral; en tanto en cuanto un cerebro muere, su papel como receptor-trasmisor desaparece.

Aquí abro un punto y aparte para compartir que un equipo de investigadores de todo el mundo, con el que tengo el privilegio de trabajar, hemos puesto en marcha una serie de investigaciones para estudiar las manifestaciones de la intención o de la atención como energía procedente del campo generado por un ser vivo cuando su cerebro deja de estar activo en el proceso de morir. Para ello nos basamos en los estudios de Jahn y Dunne y el equipo de Princeton liderado por Roger Nelson, que ahora es miembro del grupo. Lo que se trata de observar es cómo hay cambios en la aleatoriedad en los dispositivos generadores de números aleatorios en el entorno de una persona que está en proceso de morir. Es difícil saber qué significan las correlaciones que se aprecian en los REG (Random Event Generators), más allá de que es cierto que hay cambios en relación con eventos concretos, incluido el momento de la muerte. Sin embargo, hay que buscar otra hipótesis para atribuir los cambios en la aleatoriedad a la intención o la atención cuando se trata de correlacionarlos con los eventos que dimanan del proceso de morir, centrados en la persona que muere. En este punto, se precisa una discusión en profundidad sobre el papel del observador, que podría estar influyendo con su intención al reconocer el evento muerte. Por otro lado, una hipótesis podría explorar el aspecto de la información que estaría contenida en el campo del inconsciente colectivo una vez desaparecido el inconsciente personal ligado al fallecido. En nuestra mente inconsciente podría estar toda la información que se manifiesta en conexiones no planeadas. Estas no surgen por decisión propia, sino como expresiones de la conciencia que se concentra en un punto específico, relacionado con un evento como la muerte. Además, tanto el observador como las intenciones de quienes participan en el experimento, sin importar su nivel de conciencia, influyen en esto.

Otra posibilidad sería que tanto la intención, la atención como los pensamientos, son solo aspectos con diferentes cualidades energéticas que constituyen el campo de la información. Algo así como elementos que se estructurarían al observarlos en un instante del espacio y que formarían parte de las posibles manifestaciones de la conciencia localizada, e incluso una manifestación del poder del vínculo para generar estados de entrelazamiento estables en un espacio del inconsciente colectivo tras la muerte. También estamos valorando que se trate de un efecto del entrelazamiento cuántico, como persistencia de un estado que se ha producido previamente a la muerte y que se manifiesta cuando lo medimos.

En cualquier caso, son cuestiones que no se pueden contestar con la rigurosidad requerida en este momento y que suponen un reto a superar para comprender qué sucede en el escenario de una persona que está muriendo o acaba de morir y qué aspectos de su energía se mantienen en un campo que siguen habitando el resto de los acompañantes al proceso. Lo que sí puede concluirse es que lo que ocurre y podemos reconocer tiene que ver con la manera en que creamos nuestra experiencia.

## La creación de la experiencia

La experiencia surge de la interacción dinámica entre el cerebro, la mente y la conciencia. El cerebro procesa la información mediante redes neuronales, integrando la percepción a través de los sentidos, la memoria y las emociones. La mente organiza e interpreta los datos sensoriales usando la atención, el aprendizaje y los mapas internos que ha ido creando en el cerebro. La conciencia emerge como resultado de la integración subjetiva, aunque fragmentada, que reconocemos como realidad, permitiendo la vivencia consciente y la autorreflexión. La experiencia se construye influida por las expectativas y el contexto, depende de la plasticidad cerebral y de las redes neuronales y opera en múltiples niveles que van desde las sensaciones hasta el autoconocimiento. De forma sintética, podríamos decir que el cerebro provee la estructura, la mente se encarga del proceso, la consciencia del darse cuenta y la experiencia que se construye es una imagen fragmentada de la conciencia.

Cuando hablamos de mente, cerebro, consciencia y de sus conexiones con el mundo que nos rodea a través de la intención, la atención y la energía del propósito que nos mueve, lo solemos hacer desde la imagen que tenemos de nosotros mismos. Esa visión está centrada en nuestra importancia personal y solemos estar atrapados retroalimentando esa imagen. Ante el mundo, tenemos cuatro imágenes: la que ven los demás, la que creo tener, la que me gustaría tener y la que es sin condiciones. Si la energía de mi atención e intención se centra en esas imágenes, dejaré de ver todo el infinito que me rodea y del que formo parte aunque lo ignore. Para acceder a ese todo infinito la clave es perder la importancia personal, usar la mente para observar y darse cuenta, revisar nuestros patrones repetitivos para ampliar la conexión con el universo. Utilizar nuestro libre albedrío, nuestra auténtica libertad, requiere ser conscientes de en dónde ponemos la atención en cada instante, de cómo esta configura cada paso en el camino de la intención. Una mente abierta abre la puerta a conectarnos con la conciencia plena, es el instrumento que tenemos en esta vida. Es nuestra decisión vivir en un marco de referencia estrecho y limitado o atreverse a explorar todo lo que no es evidente. Cada momento que muere es una nueva oportunidad para conectar con lo esencial.

La fuerza de la intención es fundamental para determinar el resultado que queremos obtener. Para ello, es clave identificar y cambiar las resistencias que nos impiden alinear nuestra intención con nuestro propósito y nuestras acciones. Superarlas y trascenderlas nos permitirá ver el mundo en congruencia con nuestras intenciones. Para lograrlo, hay que reflexionar sobre el sentido de lo que nos mueve, actuar en coherencia con nosotros mismos y con lo que nos rodea y tratar de ser flexibles, recordando que la energía que lo mueve todo no es nuestra, nosotros solo la canalizamos.

# 8

# Más allá del cerebro:
# lo que cuenta la ciencia

*Más allá del cerebro,*
*la conciencia fluye libre,*
*sin forma, sin tiempo.*

VICENTE ARRÁEZ

Desde siempre, los seres humanos hemos sentido fascinación por el cerebro. La mayoría de las aproximaciones sobre su funcionamiento se centran en aspectos materiales, aunque también hay unas cuantas que exploran lo espiritual o intangible. Pero lo cierto es que sigue siendo un órgano en gran parte desconocido, igual que los expertos dedicados a su estudio. En este capítulo haremos un repaso de algunos de los científicos y pensadores que más han tenido que ver en la evolución del propio concepto de cerebro hasta nuestros días.

En la antigua Grecia aparecen las primeras descripciones del cerebro, y se atribuyen a Herófilo de Calcedonia (primer científico en realizar disecciones sistemáticas en cadáveres humanos con descripciones de diversas partes del cerebro). Herófilo afirmó que es en este órgano donde se encuentra la inteligencia, y no en el corazón, como se creía hasta entonces.

El legado de Galeno (siglo II) forma parte de la medicina occidental desde hace cientos de años. Galeno aportó una de las primeras visiones del efecto de los sentidos sobre el cerebro y describió minuciosamente algunos aspectos del comportamiento y las consecuencias que pueden tener el trabajo, el sueño o algunos hábitos sobre la salud.

Durante muchos siglos estuvo asentada una visión integral y humanista del hombre; filosofía y fisiología aún caminaban de la mano. Pero en el siglo XVII, con la aparición de la figura de René Descartes, se inicia una época más centrada en la visión materialista de la ciencia, en una perspectiva dualista del ser humano. La visión cartesiana del alma se enmarca en su dualismo sustancial, que distingue radicalmente entre la *res cogitans*, sustancia pensante, y la *res extensa*, sustancia extensa o material. Para Descartes, el cuerpo es una máquina material regida por las leyes de la física y susceptible de ser estudiado científicamente. Pero concibió el alma idéntica a la mente; es decir, como una entidad inmaterial, indivisible y eterna, cuya esencia es el pensamiento. Como era de esperar, este dualismo cartesiano tuvo un impacto profundo en la evolución científica, ya que permitió separar el estudio de la mente, perteneciente al ámbito de la filosofía y la teología, del estudio del cuerpo, correspondiente a las ciencias naturales. Su visión del alma como algo inmaterial y trascendente planteó un desafío para la ciencia, al establecer una brecha entre lo físico y lo mental que aún hoy influye en debates sobre la conciencia y la naturaleza humanas.

En la actualidad, hay sectores científicos que consideran que el cerebro es el centro de control que maneja la información de forma absoluta, como un ordenador; otros van ampliando la visión con nuevas teorías que entienden el cerebro como una interfase entre el mundo material, la mente y un nivel de conciencia no localizada en el organismo. Es aquí donde entra en escena Paul MacLean, un neurocientífico estadounidense que a mediados del siglo XX propuso la teoría del «cerebro triuno». Según Mac Lean, el cerebro humano es el resultado de un proceso evolutivo que puede dividirse en tres partes principales, cada una asociada a una etapa distinta de la evolución y con funciones específicas:

- El cerebro reptiliano es la parte más antigua y primitiva. Se localiza en la base del cerebro y es el responsable de los comportamientos instintivos necesarios para la supervivencia (como la respiración y el ritmo cardiaco). Se encuentra implicado en la regulación de emociones como el miedo, permitiéndonos dar una respuesta adecuada y ágil ante la situación que sea. Pese a su aparente sencillez, se ha convertido en una estructura más compleja relacionada con el sistema límbico y con la corteza cerebral para poder realizar funciones cognitivas superiores.

- El sistema límbico, que aparece con los primeros mamíferos, se ubica en la parte central del cerebro y se asocia a las emociones, a la memoria y a la motivación. Es aquí donde se regula la respuesta al estrés y al placer. Su compleja estructura la forman el hipocampo, la amígdala, el hipotálamo, el tálamo y la corteza cingulada. Cada parte tiene una función específica y todas están en estrecha relación. El hipocampo se encarga de la formación de la memoria a largo plazo; la amígdala regula las emociones, especialmente el miedo y la agresividad; el hipotálamo es el encargado de responder a las emociones y regula la liberación de hormonas; el tálamo es el centro de procesamiento de los sentidos; y la corteza cingulada es el lugar donde se toman las decisiones y se maneja la atención.

- La corteza cerebral o neocórtex se considera la parte más reciente y desarrollada del cerebro, y se relaciona con el pensamiento racional, la planificación, el lenguaje, la conciencia y la capacidad de abstracción. Permite la resolución de problemas complejos, la creatividad y la interacción social avanzada.

MacLean sostenía que estas tres partes no funcionan de manera aislada, sino que interactúan entre sí, lo que explicaría ciertos comportamientos humanos. Su visión evolutiva destaca cómo el cerebro ha ido acumulando capas de complejidad, integrando funciones primitivas con otras más avanzadas para dar lugar a la conducta humana moderna.

Merecedoras de atención son también las aportaciones de Santiago Ramón y Cajal, considerado el padre de la neurociencia moderna. Sus investigaciones revolucionaron la comprensión del cerebro, siendo su principal aportación la doctrina de la neurona, que describía el sistema nervioso como una estructura compuesta por células individuales y discretas, las neuronas. A pesar de que dicha descripción contradecía la creencia previa de que el cerebro era una red continua, su descubrimiento sentó las bases de la neurología moderna y su legado es fundamental para la neurociencia actual.

Hace poco más de una década, en 2013, se puso en marcha una interesante iniciativa de investigación del cerebro humano, promovida por el Gobierno de Estados Unidos e ideada por el neurobiólogo español Rafael Yuste, llamada BRAIN (Brain Research through Advancing Innovative Neurotechnologies). Su meta principal es desarrollar tecnologías innovadoras que permitan mapear y estudiar la actividad cerebral con un detalle sin precedentes, lo que podría llevar a avances significativos en el tratamiento de enfermedades neurológicas y psiquiátricas. Su enfoque combina neurociencia, ingeniería, informática y medicina. Algunas de las técnicas clave incluyen el desarrollo de métodos para visualizar las células del cerebro en tiempo real; otras usan la iluminación para controlar neuronas específicas y estudiar su función, la creación de herramientas miniaturizadas para monitorear y estimular el cerebro, y el uso de inteligencia artificial y *big data* para procesar la enorme cantidad de información generada.

Ahora sabemos que el cerebro humano constituye solo el 2 por ciento de la masa de nuestro organismo, con alguna variación a lo largo de la vida. A pesar de ello, consume el 20 por ciento de la energía total de una persona, lo que nos da una idea del papel que tiene su actividad. Su estructura contiene alrededor de cien mil millones de neuronas interconectadas entre sí. Estas conexiones se realizan a través de unas terminaciones llamadas sinapsis, que están en reposo la mayor parte del tiempo y se activan en el momento en que reciben o envían información. También sabemos que todo el entramado de células nerviosas está interconectado por un sistema de cableado formado por dendritas y axones. Las neuronas de las que hablamos se comunican a través de estas terminaciones mediante un sistema de encendido y apagado, gracias a las señales eléctricas que se crean abriendo y cerrando los canales iónicos que activan circuitos cerebrales específicos para controlar conductas concretas. Estos procesos ocurren en las sinapsis que hemos mencionado, siendo, pues, esenciales para la transmisión de impulsos neuronales y desempeñando un papel clave al permitir una comunicación rápida y directa mediante la creación de circuitos.

Sin embargo, los mecanismos cerebrales implicados en la génesis de los procesos cognitivos superiores son todavía poco conocidos por la neurociencia, en especial aquellos relacionados con la conciencia. Por ello, como todo campo de la ciencia insuficientemente establecido, su conocimiento se aborda por medio de hipótesis altamente especulativas. En la literatura científica existen varios modelos que tratan de explicar el funcionamiento del cerebro a través de la física o la mecánica cuántica. La aplicación directa del formalismo de la mecánica cuántica a los estados mentales permite un ajuste estadístico especialmente válido de muchos datos empíricos, pero no acaba de decirnos nada acerca de la realidad subyacente, responsable de dichos fenómenos mentales. Es frecuente utilizar comentarios sobre los temas que estamos abordando, apoyándose en conceptos de la física cuántica, en muchas ocasiones con poco rigor científico. Por este motivo, merece la pena poner en contexto lo que la física cuántica puede aportar a la comprensión del cerebro y la conciencia.

En física cuántica se utilizan varios conceptos que son básicos para su comprensión: la superposición cuántica, el principio de complementariedad, el principio de incertidumbre de Heisenberg y el problema de la medición. Lo peculiar es que, durante la medición, el sistema puede cambiar su estado de manera impredecible y, por tanto, sus resultados, lo que refleja la naturaleza probabilística y no determinista del mundo cuántico. Esta transición irreversible desde un estado de superposición a un estado único es lo que se denomina colapso de la función de onda. Para algunos autores, como el físico Bohr, es precisamente la intervención de la conciencia del observador la que produce este colapso. Y, por último, el entrelazamiento, que es un fenómeno cuántico sin equivalente clásico, en el cual los estados cuánticos de dos o más objetos se deben describir mediante un estado único que involucra a todos los objetos del sistema, aun cuando los objetos estén separados espacialmente. Con todas las aportaciones de la física cuántica, se puede considerar que existe un eslabón entre la conciencia y el cerebro para hacer una serie de consideraciones: por un lado, la posibilidad de que la conciencia no esté localizada en el cerebro; por otro, la estimación de que se encuentra íntimamente entrelazada con toda la información potencial almacenada en funciones de onda. La conciencia sería la que precipita el colapso de la función de onda. No en vano, son varios los estudios que apoyan la idea de que podrían existir estados cuánticos en el cerebro.

Este creciente entendimiento de la conciencia como un fenómeno cuántico podría revolucionar sustancialmente la neurociencia y nuestra comprensión de lo que significa estar consciente, con profundas implicaciones para todo, desde la salud cerebral hasta nuestra visión del universo mismo. Hay investigaciones que han demostrado que el cerebro opera al borde del caos, en un estado crítico que combina orden y desorden y adaptándose a estímulos internos y externos. Este equilibrio permite tanto la estabilidad como la flexibilidad necesarias para procesar información y generar nuevos patrones.

Como podemos ver, la integración de principios cuánticos en la neurociencia no solo desafía los paradigmas tradicionales, sino que plantea preguntas fundamentales sobre la computación y la inteligencia artificial. Si el cerebro utiliza computación cuántica para procesar información de manera eficiente, implicaría que las máquinas basadas en los principios clásicos de Turing solo representan un subconjunto limitado de las capacidades cerebrales. En última instancia, el estudio del cerebro cuántico promete revolucionar nuestra comprensión de la consciencia, la percepción y la cognición, llevando la neurobiología a un nuevo nivel de profundidad y precisión científica. Así que, adentrémonos en ello.

Probablemente, la teoría de la conciencia cuántica más conocida es la hipótesis de Penrose y Hameroff de que las tubulinas de los microtúbulos, que son proteínas con forma de filamento presentes en el citoesqueleto de las neuronas, llevan a cabo computaciones cuánticas. Su punto de partida conceptual es que la emergencia de un acto consciente es un proceso que no puede ser descrito de manera algorítmica. Hameroff, por su parte, comprendió que las ideas de Penrose sobre la no computabilidad de la conciencia podían complementar su propio trabajo acerca de los microtúbulos, en los que las tubulinas encarnarían neurofisiológicamente el marco conceptual de Penrose. Los estados de las tubulinas parecen depender de eventos cuánticos. Cada una puede estar en dos configuraciones superpuestas, correspondiendo una geometría específica del espacio-tiempo a cada configuración. Cuando la separación entre las energías de estas dos configuraciones alcanza un umbral crítico, se produce la reducción objetiva de la función de onda a una de las dos configuraciones. La superposición coherente, anterior a la reducción objetiva, de los estados de las tubulinas se considera un proceso preconsciente, mientras que cada reducción objetiva instantánea y no computable se considera un evento de protoconciencia. Pues bien, la conciencia aumenta significativamente solamente cuando las conformaciones alternativas son parte de una estructura altamente organizada; por eso, la teoría de una materia orquestada propone que los estados cuánticos pueden extenderse mediante efecto túnel.

La conexión propuesta entre conciencia y reducción de la función de onda en la teoría de una materia orquestada es prácticamente opuesta a la idea inicial desarrollada en los primeros momentos de la mecánica cuántica, cuando una medición era algo que ocurría únicamente como resultado de la intervención consciente de un observador. Ahora, por el contrario, la autorganización de la información en la concepción de la mecánica cuántica sería capaz de generar autoconciencia. Por ello, según la teoría de la materia orquestada, la autoconciencia no sería un fenómeno exclusivamente humano, sino que se daría en cada partícula del universo. De este modo, Hameroff y Penrose describen un posible nuevo proceso físico implicado en la emergencia de la conciencia, quizá como sustrato de ella, sin explicar su especificidad; de aquí se extrae que su perspectiva es «abajo-arriba», porque la conciencia emergería en la naturaleza de un modo aún no comprendido.

El biólogo teórico Stuart Kauffman plantea la hipótesis de la mente cuántica de un modo ligeramente distinto. Según él, la aparición de la conciencia en un cerebro computacional clásico no es posible. La mente tendría que ver más bien con un sistema cerebral cíclicamente coherente, que recupera la coherencia después de haberla perdido. La esencia de la hipótesis de Kauffman es la reversibilidad cuántica de algunos procesos cerebrales. El cerebro estaría llevando a cabo dichas transformaciones todo el tiempo. Al ser sistemas termodinámicos abiertos en los que tanto la energía como la información pueden fluir, las células podrían haber evolucionado hasta tener la capacidad de mantener un comportamiento casi totalmente coherente. Kauffman imagina la formación y reformación de redes de transporte electrónico coherente, totalmente percoladas (capacidad de un líquido al desplazarse atravesando un medio poroso), dentro de la célula, gracias a los cambios de las moléculas de agua ordenadas que conectan las proteínas. Tales redes percoladas podrían, en última instancia, alcanzar la escala temporal de los milisegundos, típica de los eventos de conciencia. Según esta interpretación, la mente tendría manifestaciones en la naturaleza sin tener que actuar mediante una causa eficiente física en el cerebro. Una teoría de la conciencia parcialmente cuántica, unida a la tesis de la identidad mente-cerebro, permitiría que las experiencias mentales tuvieran consecuencias en los acontecimientos reales del mundo físico sin tener que recurrir a causas mentales de dichos acontecimientos. La mente actuaría acausalmente en el mundo material a través de la decoherencia cuántica y sobre ella misma mediante el comportamiento dinámico de recoherencia del sistema único mente-cerebro.

El físico alemán Friedrich Hans Beck, interesado en la física nuclear, la biofísica y la teoría de la conciencia, y el neurofisiólogo australiano John Eccles postularon el modelo cuántico de la conciencia basado en el proceso de exocitosis vesicular en el terminal presináptico, constituyendo un fenómeno cuántico de liberación de los neurotransmisores, y que se manifiesta en la intencionalidad de la conciencia, especialmente durante la actividad motora. Para

Beck y Eccles, los «picones» serían unidades de conciencia que se conectan entre sí para producir una experiencia unitaria, siendo la mente un campo cuántico inmaterial de probabilidad. Así, la mente reconstruye sus mapas y le da sentido a la experiencia en este plano tratando de unificarlo con la totalidad. Sin embargo, quedaría pendiente el problema de cómo procesos en sinapsis individuales podrían llegar a correlacionarse con actividades mentales que, por lo que sabemos, tienen como sustrato grandes conjuntos de neuronas.

Para John Searle, filósofo estadounidense, la conciencia, es una «propiedad emergente» de la organización biológica. La conciencia está causada por procesos neuronales de bajo nivel en el cerebro, siendo ella misma un rasgo del cerebro. La conciencia no es sino el conjunto de estados cualitativos que se nos hacen presentes en los qualia, que, recordemos, son las cualidades subjetivas de las experiencias individuales. Searle rechaza la idea de que la mente humana sea similar a un computador digital.

Otro abordaje interesante lo aporta Rodolfo Llinás, neurofisiólogo colombiano y autor del libro *El cerebro y el mito del yo*.[5] Las neuronas tienen una actividad oscilatoria y eléctrica intrínseca, es decir, connatural a ellas, y generan una especie de danzas o frecuencias oscilatorias que llamaremos «estado funcional». Por ejemplo, los pensamientos, las emociones, la conciencia de sí mismos o el yo son estados funcionales del cerebro. La simultaneidad de la actividad neuronal es la raíz neurobiológica de la cognición, o sea, de nuestra capacidad de conocer. Lo que llamamos yo o autoconciencia es una de tantas danzas neuronales o estados funcionales del cerebro. Hay otros que no generan conciencia: estar anestesiado, drogado, ebrio, en crisis epiléptica o dormido sin so-

---

5. Llinás, R., *El cerebro y el mito del yo*, Ciudad Real, El Peregrino Ediciones, 2020.

ñar. Cuando se sueña o se fantasea, ya hay un estado cognoscitivo, aunque no lo es en relación con la realidad externa, dado que no está modulado por los sentidos. Pero en los otros casos o estados cerebrales, la conciencia desaparece y todas las memorias y sentimientos se funden en la nada, en el olvido total, en la disolución del yo. Y, sin embargo, utilizan el mismo espacio de la masa cerebral y esta sigue funcionando con los mismos requisitos de oxígeno y nutrientes. Aunque el estado funcional que denominamos mente es modulado por los sentidos, también es generado, de manera especial, por esas oscilaciones neuronales. Por tal razón, se podría decir que la realidad no solo está «allá afuera», sino que vivimos en una especie de realidad virtual. Es decir, no es tan distinto estar despierto de estar dormido, dado que el cerebro utiliza los sentidos para apropiarse de la riqueza del mundo, pero no se limita a ellos.

Para Antonio Damásio, un médico portugués referente en el estudio de la mente y las emociones, poseer una mente significa que un organismo forma representaciones neurales que pueden convertirse en imágenes, ser manipuladas en un proceso denominado pensamiento y, eventualmente, influir en el comportamiento al ayudar a predecir el futuro, planificar en consecuencia y elegir la siguiente acción. Según Damásio, la conciencia es, pues, la unificación integrada de los sistemas sensitivos, de las diferentes modalidades sensitivas, internas y externas, así como la ordenación de ese «universo sensitivo» como perteneciente a un ser propietario-actor. Podemos decir que la neurobiología de la conciencia afronta dos problemas: cómo se genera la película de la mente y cómo genera también el cerebro la sensación de que hay un propietario y observador de la película. Damásio distingue entre el protoser y el ser autobiográfico. La formación evolutiva del protoser deja abierto el paso para la emergencia de la conciencia central, que produce el ser central, y la conciencia ampliada, que produce el ser autobiográfico.

No puedo dejar de mencionar, dentro de esta radiografía de lo que hay «más allá del cerebro», a uno de los autores más destacados en el estudio de la conciencia y su relación con el cerebro: el filósofo australiano David Chalmers. Entre sus contribuciones, destaca su formulación de lo que llama «el problema difícil de la conciencia», referido a la dificultad para explicar cómo y por qué tenemos experiencias subjetivas. En sus estudios explora la idea de que la conciencia es una propiedad fundamental del universo, con lo que plantea que todos los seres y objetos tienen algún tipo de experiencia consciente. La cuestión es de qué manera se puede explicar que las sensaciones, emociones y pensamientos se traducen en experiencias vividas. En última instancia, Chalmers llega a la conclusión de que la mente y el cuerpo son entidades distintas. Según él, aunque los estados físicos del cerebro están correlacionados con experiencias conscientes, esto no implica que la conciencia pueda ser completamente explicada a través de la ciencia física. Chalmers trasciende la visión materialista planteando que la conciencia tiene una dimensión inmaterial que se manifiesta, promoviendo una visión holística integradora en la relación mente-cuerpo.

Ilya Prigogine fue un físico químico galardonado con el Premio Nobel de Química por sus investigaciones, las cuales lo llevaron a crear el concepto de estructuras disipativas, que son una especie de todo fluyente, con un alto nivel de organización, pero siempre en proceso. Para Prigogine, el cerebro es un ejemplo bastante claro de estructura disipativa, por el elevado consumo del total de la energía corporal. Las ondas cerebrales son fluctuaciones de energía que, por ejemplo, durante los estados alterados de conciencia, pueden llegar a alcanzar un nivel crítico, lo suficientemente grande para inducir un nivel superior de organización. Si se toman los recuerdos como estructuras disipativas, al ocurrir fluctuaciones de suficiente intensidad de los patrones de ondas previamente almacenados en el cerebro, cabe la instauración de un nuevo tipo de ondulaciones que resulta en la configuración de una nueva serie de conexiones, refiriéndose este término a las de un sistema. La nueva estructura es como un paradigma más amplio. En otras ocasiones, las fluctuaciones de la actividad quedan amortiguadas y se mantiene el equilibrio del sistema. Las fluctuaciones internas desbocadas de un sistema quiebran el viejo equilibrio que no termina muchas veces en caos o destrucción, sino en la creación de una estructura totalmente nueva en un nivel superior. Las totalidades superan a las partes en virtud de su propia coherencia interna, de la cooperación. Así, Prigogine demostró que por medio de la perturbación era posible la consecución de un nuevo orden. La implicación de la transformación intrínseca en una estructura disipativa es que, bajo el influjo de la tensión, puedan aparecer soluciones repentinas, que las crisis se vuelvan oportunidades y que las personas, por ejemplo, salgan fortalecidas del sufrimiento y las enfermedades.

Jacobo Grinberg (ya mencionado páginas atrás) dedicó gran parte de su vida a explorar los misterios del cerebro y la conciencia, construyendo un marco teórico que combina elementos de la neurociencia, el psicoanálisis y la filosofía. Su trabajo, aunque no siempre ampliamente difundido en los círculos académicos tradicionales, ofrece una perspectiva singular y enriquecedora sobre cómo entendemos la mente humana. Grinberg proponía que el cerebro no produce la conciencia, sino que la transmite (como un televisor que recibe señales invisibles y las convierte en imagen y sonido). Según él, la conciencia existe como un campo de información independiente del cerebro, y este simplemente la sintoniza. Grinberg sostiene que la conciencia no puede reducirse únicamente a procesos neuronales, aunque reconoce que el cerebro es el sustrato necesario para la experiencia consciente, proponiendo que la mente es algo más que un epifenómeno del cerebro. Otro aspecto fundamental de la teoría de Grinberg es su enfoque sobre la relación entre lo consciente y lo inconsciente. Propone que la conciencia ordinaria, asociada al hemisferio izquierdo, está en constante diálogo con el inconsciente, vinculado al hemisferio derecho. Este diálogo no siempre es armonioso; de hecho, gran parte de los conflictos psicológicos surgen de la tensión entre estas dos dimensiones.

Como vemos, las teorías de Jacobo Grinberg sobre el cerebro y la conciencia representan un esfuerzo por integrar el conocimiento científico con la reflexión filosófica y espiritual. Su enfoque dual del cerebro, su concepción de la conciencia como fenómeno emergente y su exploración de la relación entre lo consciente y lo inconsciente ofrecen una visión rica y compleja de la mente humana. Aunque algunas de sus ideas pueden resultar controvertidas o difíciles de verificar empíricamente, su trabajo invita a reflexionar sobre los límites de nuestra comprensión actual y a considerar la posibilidad de que la conciencia sea algo más profundo y misterioso de lo que la ciencia ha logrado explicar hasta ahora. En esta dimensión, lo que percibimos es a través del cerebro, que actúa como receptor-emisor, y con la mente como expresión en esta realidad. Nuestro cerebro funcionaría como una interfaz entre la conciencia individual y la universal no local que recibe, guarda y envía información como hoy guardamos los datos informáticos en la nube.

Todo lo descrito nos conecta con un nuevo paradigma respecto de la muerte que es necesario modificar, y es que la muerte no es el fin. Morir solo es el fin del cuerpo físico, pero nosotros, nuestra esencia, sigue existiendo plenamente. Somos energía, y morir es la transición entre diferentes manifestaciones de esa energía. Durante lo que llamamos vida, la energía expresada como materia, al morir el cuerpo material, pasa a energía en otra dimensión, y toda la información generada permanece en el espacio del inconsciente colectivo como un nivel en que se ha disuelto el inconsciente personal y la mente ligada al cerebro, dejando de actuar como interfaz entre la realidad en este plano y la conciencia plena.

Al abordar el papel del cerebro y su protagonismo en el papel de la creación de la mente, la consciencia y las emociones, no se puede ignorar que el cerebro funciona como un conjunto unificado y vinculado a cada órgano de nuestro cuerpo. La consciencia no es algo que sea exclusivo del cerebro, las investigaciones actuales (y, por supuesto, algunas tradiciones antiguas) demuestran el papel que vincula el cerebro con el intestino, la respiración o el corazón. Hay nuevas referencias que indican los mecanismos que existen para conectar la microbiota, que contiene todo un mundo de seres microscópicos con los que compartimos hábitat; y su conocimiento se considera relevante para comprender las características y las experiencias vitales de cada persona. No en vano, una de las nuevas ramas de investigación, denominada neurocardiología, defiende la idea de que el corazón es un sistema muy complejo, un órgano sensorial sofisticado que recibe y procesa información. Es más, podemos afirmar que nuestro corazón dispone de decenas de miles de neuronas que actúan como un conjunto de pequeños cerebros que, coordinados con el que consideramos como principal, inducen a un estado de bienestar. Por tanto, nuestras emociones no son algo meramente cerebral, en absoluto; de hecho, nuestro cuerpo las vive en varios órganos, pero es especialmente destacable cómo lo hace nuestro corazón.

En la cultura occidental se ha dicho que sentimos con el corazón, y, realmente, las neurociencias apoyan de alguna manera esta idea. Por ejemplo, cuando nos sentimos nerviosos, nuestro corazón late más fuerte, igual que se descontrola cuando nos asustamos, nos estresamos o recibimos una mala noticia. En ese sentido, los cambios en la frecuencia cardiaca se consideran como un sensor de la vitalidad. Los estudios han demostrado que las personas con una variabilidad de la frecuencia cardiaca más alta tienden a exhibir una mejor función cognitiva, una mejor regulación emocional y una mayor resistencia al estrés. Este fenómeno resalta cómo la actividad del corazón puede moldear la función del cerebro y el bienestar general. El corazón se comunica con el cerebro a través del nervio vago, un conducto crucial para el intercambio bidireccional de información. Pues bien, el corazón envía señales a la amígdala que afectan el procesamiento emocional y la toma de decisiones, y estas señales pueden influir en nuestras percepciones, en nuestra reacción al estrés e incluso en nuestra capacidad de empatizar con los demás.

Continuando con esto, a su vez, hemos de indicar que la actividad emocional está modulada de forma distal por cómo respiramos, por mediación del mencionado complejo pre-Bötzinger y las proyecciones de noradrenalina desde el tallo cerebral. De este modo, la respiración rápida y superficial, propia de estados de miedo o ira, está relacionada con el aumento de la actividad fásica de las neuronas noradrenérgicas, lo que activa el cerebro. Otro dato de interés es que la forma de respirar no solo influye en la experiencia que estemos viviendo, sino también en la memoria; normalmente, se relaciona un patrón electroencefalográfico de ondas gamma (100 Hz) con la consolidación de memoria. Mediante técnicas con neuroimagen funcional se ha constatado que el respirar por la nariz influye en la activación metabólica de zonas relacionadas con la memoria y la emoción, tal es el caso del hipocampo y la amígdala. Por su parte, la respiración por la boca no se correlaciona con cambios funcionales en estas zonas. Es por eso que, de nuevo, saco a la palestra las bondades de la meditación y el hecho de que se ha comprobado que su práctica, con la atención centrada en la respiración, tiene una especial influencia sobre la plasticidad cerebral.

Aunque aún existe mucho territorio por explorar, la parte complicada es la que tiene que ver con la relación entre el cerebro y la conciencia. Se han escrito más de veinte mil artículos sobre este tema y se podría decir que nunca se ha escrito tanto sobre algo con tan poco resultado definitivo. Como vemos, el cerebro ocupa un lugar protagonista en el plano que habitamos. Para unos, en él se localiza la vida; para otros, es un lugar de paso entre diferentes planos. Parece prácticamente imposible llegar a un acuerdo, y quizá no sea necesario. Lo que es seguro es que nos toca seguir aprendiendo y explorando todo aquello con lo que nos conecta. Puede que no sea tan importante conocer cada detalle y profundizar en la anatomía de cada neurona ni en las características fisiológicas de cada fenómeno. En realidad, todo es una construcción de cada cerebro que se desvanece cuando su actividad cesa. Y más allá, lo que permanece es inmortal y pasa a formar parte de lo intangible presente y futuro, en donde la información sutil va a quedar disponible para que los cerebros que siguen activos accedan a sus contenidos.

# 9

# Experiencias entre el más allá
# y el más acá

Existe consenso entre los especialistas en que la preocupación humana por la muerte se remonta a los orígenes del *Homo sapiens*. La paleoantropología ha tratado de demostrar que, a partir de ciertos cambios sustanciales en la estructura anatómica, en los ciclos biológicos y en el comportamiento, se fue desarrollando el tamaño del cerebro, con la consecuente complejidad mental, a la cual se atribuye la relación con la conciencia que acompañará al *Homo sapiens*. Por ello, se afirma que lo que hoy nos distingue como humanos —la autoconciencia y la consciencia de nuestra mortalidad— es producto de un intrincado y extenso proceso desarrollado durante un largo periodo de nuestra historia filogenética. La conciencia de la muerte propia es un hecho y en un determinado momento aparece el temor, el miedo o la consciencia de muerte, y esta deja su marca en el registro prehistórico. Ese reconocimiento de nuestra impermanencia lleva unida una búsqueda de cómo trascenderla, un anhelo de la existencia de una vida después de la muerte. Y es precisamente esta especie de lucha por superar tal inquietud lo que ha hecho que activemos diferentes mecanismos de defensa.

Nuevamente, cada tradición ha dado con sus propias respuestas para trascender la condición humana. Desde la visión de la realidad de esta vida como una ilusión hasta la exploración de otras dimensiones usando diferentes técnicas y sustancias, pasando por la creación de rituales específicos para romper la frontera entre el mundo de aquí y otro más allá. Incluso las diferentes religiones ofrecen respuestas basadas en la fe y las creencias que prometen una vida en el más allá exenta de los problemas del más acá; siempre y cuando cumplas unas normas, porque, de no ser así, la otra vida puede suponer el sufrimiento eterno.

Para tratar de desarrollar una conexión entre la vida en esta realidad que compartimos y la otra que está por descubrir, se han propuesto diferentes herramientas, pero las concentraremos en tres: la meditación, las sustancias que transforman la percepción y los rituales utilizados para pasar la frontera entre los mundos. En todos los casos se trata de buscar experiencias que nos lleven más allá del cuerpo físico, así como de experimentar la disolución del yo. Muchas se tienen de forma espontánea a lo largo de la vida, sobre todo en la infancia; sin embargo, el papel de la educación y la estructuración de la mente para construir la realidad hacen que las ignoremos.

## La práctica de la meditación para expandir la conciencia

Las últimas investigaciones sobre los beneficios asociados al *mindfulness* son incontestables. Me gustaría empezar defendiendo el *mindfulness* como una forma específica de meditación, teniendo esta un significado más amplio y abarcando un conjunto de prácticas bastante heterogéneas. En este capítulo iremos intercalando ambos términos en función de lo que estemos tratando. Ahora bien, ¿cuál sería la traducción de *mindfulness*? Las palabras más utilizadas han sido atención plena y conciencia plena. El término *mindfulness* se utiliza sobre todo en el ambiente científico y académico, pero en la vida diaria es frecuente hablar de meditación.

Los primeros registros sobre la meditación se encuentran en la India, en los textos védicos de hace unos cuatro mil años. La práctica meditativa en el hinduismo se acompañaba de actos como el ayuno y la abstinencia, los cuales servían para purificar el cuerpo y la mente. Desde este país, su práctica se fue extendiendo e influenciando a otras culturas, con sus respectivas adaptaciones en las técnicas en función de la religión y la cultura y combinando teoría y (sobre todo) práctica. Por ejemplo, para el cristianismo, la meditación está enfocada a la oración, dirigida a conectar con Dios. En el hinduismo es una práctica que incluye técnicas donde se buscan la paz interior, la autoconciencia y la conexión divina. En el islam, se centra en prácticas consistentes en recordar y glorificar a Dios mediante la repetición de nombres sagrados o versos del Corán. Y si hablamos del budismo, la meditación cobra especial protagonismo y es, fundamentalmente, la vía para que la mente alcance un plano de realidad y entendimiento que va más allá de lo aprendido y que tiene que ver más con lo sensorial.

Coincidiendo con el fin del milenio, el dalái lama inició un debate sobre la ciencia y el budismo que le llevó a crear el instituto Mente y Vida, dedicado a la investigación de la ciencia contemplativa. Dentro de dicho proyecto se planteó el estudio de la actividad cerebral de expertos meditadores budistas. Con el tiempo, las investigaciones han proliferado y en la actualidad hay más de veinte centros que abordan los efectos de la meditación utilizando las modernas tecnologías para el estudio del cerebro, así como los cambios en el comportamiento en la vida de los meditadores, que se estudian dentro del campo de la psicología. Como curiosidad sobre el interés despertado por los efectos de la meditación, se acaba de liberar un documento que la CIA americana tenía oculto desde los años ochenta que analiza los efectos de la meditación y el manejo de la atención y la intención como posible instrumento de entrenamiento de los soldados para hacerlos más eficientes y manejar sus emociones. El proyecto se llamó Gateway.

En Occidente, probablemente fue Jon Kabat-Zinn quien introdujo la meditación con el nombre *mindfulness*. Los primeros pasos se dieron en 1979 en un hospital asociado a la Universidad de Massachusetts. Kabat-Zinn implementó la técnica en un programa para la relajación y la reducción del estrés, y desde entonces se convirtió en promotor de sus usos médicos y de su investigación científica. Su programa se basa en poner la atención en el aquí y ahora y en la práctica de no emitir juicios sobre los pensamientos que llegan a nuestra mente. El objetivo es aumentar la conciencia interior y que esta tenga como fundamento el momento presente, para que situaciones del pasado o del futuro no nos perturben de forma excesiva. El método utilizado puede incluir la observación detallada de imágenes, sonidos, sensaciones táctiles y propioceptivas, sensaciones viscerales, así como la atención sobre pensamientos o sentimientos con una disminución de la carga afectiva hacia ellos y sin mantener la concentración sobre ellos; la clave es dejar fluir los estímulos que aparecen sin entrar en diálogo con ellos. Jon Kabat-Zinn lo define de este modo: «*Mindfulness* significa prestar atención de una manera especial; intencionadamente, en el momento presente y sin juzgar».

Vicente Simón, médico valenciano y profesor universitario, describe el *mindfulness* como «la capacidad humana universal y básica, que consiste en la posibilidad de ser conscientes de los contenidos de la mente momento a momento». Alan Wallace (formado bajo la supervisión del dalái lama) es otro de los referentes; ha hecho grandes aportaciones al conocimiento y la práctica de la meditación en Occidente, trasladando el conocimiento de la tradición tibetana a un lenguaje accesible en nuestra cultura. Su libro *El poder de la meditación* es imprescindible para los interesados en el tema. En este recopilatorio de nombres no puedo dejar fuera el papel de Matthieu Ricard, biólogo francés y monje budista que ha contribuido enormemente al conocimiento de las repercusiones de la meditación en el cerebro. Sus diálogos con Wolf Singer, médico y director emérito del Instituto Max Planck para la Investigación del Cerebro han supuesto un paso importante para el acercamiento entre la ciencia y la espiritualidad. Personalmente, he tenido el privilegio de recibir enseñanzas directas del maestro tailandés, Ajahn Dhiravamsa, creador de lo que él llamó síntesis psicoespiritual, acercando a la cultura occidental todas las enseñanzas de Buda con lenguaje y conceptos de la psicología occidental. Con él he compartido camino durante más de cuarenta años, no solo practicando, sino también creando programas de formación para cualquiera que quisiera desarrollar su crecimiento personal.

Otro de mis referentes es Tew Bunnag, discípulo directo Dhiravamsa y de Chögyam Trungpa Rinpoché. A Trungpa Rinpoché se le reconoce ampliamente como una figura fundamental en la introducción de la tradición tibetana y las prácticas de meditación en Occidente. Unió su gran aprecio por la cultura occidental con un conocimiento profundo de su propia tradición, lo que facilitó un acercamiento revolucionario al aprendizaje del dharma, término que expresa la manifestación de la armonía del universo y que se encuentra vinculado con la misión que tenemos en nuestras vidas. Las acciones de las personas deben llevarse a cabo de acuerdo con el dharma para que el mundo mantenga el correcto y mayor orden y equilibrio posibles. Sobre esta base se han ido poniendo en marcha diferentes proyectos, primero como asociaciones y finalmente como una fundación llamada Metta Hospice, dedicada al acompañamiento de personas en proceso de morir y a la práctica de crecimiento personal con una visión centrada en la espiritualidad laica.

Tomando como modelo las enseñanzas recibidas, las prácticas de meditación se estructuran en tres niveles, todos conectados entre sí, sin que exista jerarquía entre ellos. Estos niveles se llaman samatha, metta y vipassana. Veámoslos:

- Samatha es un término que a menudo se traduce como «tranquilidad de la mente» o «calma mental». Se describe como una de las dos cualidades de la mente que se desarrolla en la meditación budista; la otra es vipassana, que es la capacidad de darse cuenta, de ser conscientes de los fenómenos. Aunque la imagen que tenemos de la meditación está ligada a una posición sentada sobre un cojín en el suelo y con las piernas cruzadas, la postura ideal tiene que ver con la rectitud de la espalda. De esta manera se consigue una fluidez en la respiración que ayuda a la concentración. Si esta posición es incómoda para nuestro cuerpo, podemos meditar sentados en una silla, tumbados o incluso caminando, manteniendo la atención en cada paso y en el apoyo de cada pie en el suelo. La clave de la meditación, la llave de oro, es el silencio, la quietud y la atención centrada. Así, podremos llegar muy profundo en nuestro interior, conocernos a fondo, en particular cómo funciona nuestra mente y cómo hacer cambios para mejorarla. En el silencio tenemos que prestar atención especialmente a tres sentidos: la vista (mirar, observar), el oído (escuchar, tanto lo que ocurre fuera como lo que sucede dentro de nosotros) y la consciencia (sentir dónde estamos, qué es lo que está ocurriendo aquí y ahora). Esto ayudará a profundizar en la atención plena y en las visiones profundas.

La mayoría de las técnicas de meditación samatha utilizan un objeto de concentración, que puede ser el propio proceso de la respiración, la llama de una vela, un mantra o una emoción positiva. Poner atención en la respiración permite desarrollar un nivel de concentración que raramente experimentamos en nuestra vida; para ello, nos puede ayudar focalizarnos en la inspiración y espiración o contar progresivamente cada respiración (y si la mente se despista, comenzar de nuevo). Hemos de tener también en cuenta que respirar por la nariz tiene un efecto más directo sobre el cerebro.

- La meditación de metta es la meditación del amor. Hablamos de metta como el amor global, la energía transversal a todos los seres que nos mantiene conectados. Su práctica consiste en poner la intención en ofrecer nuestro cariño a otro, incluso a animales u objetos materiales, independientemente de que nos gusten. El acto de la intención amorosa nos genera un vínculo que trasciende nuestro ego y su práctica implica la decisión de conectar con el amor como energía esencial que forma parte de nuestro ser. Al mismo tiempo, nos abrimos a recibir el amor que nos llega, reconociéndolo y agradeciéndolo, a veces sin ser conscientes de ello. Podemos reconocer en la meditación de metta cuatro cualidades: metta, karuna, mudita y ubeka.

Para conectar con esta cualidad de metta se puede mantener en el pensamiento alguna frase en la que, por ejemplo, se manifieste la intención de nuestro deseo de que el otro sea feliz.

Karuna se traduce como compasión, que en la práctica expresa el deseo de aliviar el sufrimiento de todos los seres y de uno mismo, lo que implica el reconocimiento del sufrimiento, su acogida y la actitud de aliviarlo. Se activa cuando cuidamos de algo o a alguien y cuando nos sentimos cuidados. Siempre vamos a ser cuidadores y, en algún momento, pasaremos a ser cuidados; por eso esta práctica es fundamental en el acompañamiento a otros en su proceso de morir. Cultivar la compasión es clave para el crecimiento personal.

Mudita es otro término en sánscrito que define la alegría empática. Es la consciencia de ser feliz por los éxitos de los demás. Supone un estado mental que nos vincula con la felicidad de los otros, sin sentirnos protagonistas de esa felicidad, sin que aparezca el interés ni el orgullo, sin que simpatice o no con lo que alegra al otro.

Por último, ubeka es otra palabra que designa ecuanimidad. Pretende expresar la «sabiduría de la igualdad», es decir, la capacidad de considerar a todas las personas como iguales y no hacer distinciones entre uno mismo y los demás. El estado mental de ecuanimidad presupone, por tanto, abstenerse de la distinción dualista entre uno mismo y los demás. Con esta meditación podemos tomar conciencia del momento en que perdemos nuestro centro para ser arrastrados por nuestras expectativas o prejuicios. Al tomar consciencia del desequilibrio podemos volver a nuestro centro, recuperar la ecuanimidad desde el desapego. Meditar sobre la ecuanimidad nos ayuda a superar obstáculos como la inquietud y la agitación causadas por la avaricia y la falta de voluntad; o la actitud de indiferencia que parece engañosamente similar a la ecuanimidad.

Estas cuatro cualidades están conectadas entre sí y forman parte de un todo unificado como amor global.

- La meditación vipassana es la cualidad mental que permite al meditador cultivar gradualmente la habilidad de estar despierto, atento y consciente. Su práctica se desarrolla atendiendo a los fenómenos originados en el cuerpo y a los cambiantes estados de la mente. Esta contemplación de los fenómenos consiste en identificar su carácter transitorio, insatisfactorio y carente de esencia, y su finalidad es la de eliminar el estado ilusorio que reconocemos como realidad. La clave de la meditación vipassana es logar la comprensión directa de la naturaleza de los fenómenos, ese «darse cuenta desapegado» que se logra a través de la introspección, progresando desde la atención al cuerpo y continuando con la atención a los fenómenos exteriores hasta llegar a la observación de nuestros pensamientos y emociones sin juzgarlos.

Actualmente, la neurociencia contemplativa es un campo de investigación multidisciplinar que investiga las manifestaciones clínicas, psicológicas y neurológicas de los mecanismos neurales subyacentes en las prácticas de meditación. Los estudios concluyen que estas favorecen la neuroplasticidad y la conectividad en las áreas cerebrales relacionadas con procesos mentales como la atención, la emoción, el autoconocimiento o la percepción sensorial. Según los hallazgos más recientes, la meditación ha demostrado ser beneficiosa en aspectos como el cultivo de emociones positivas, la actitud proactiva, la resistencia o afrontamiento del estrés o la detección y aceptación de situaciones vitales que el individuo no puede cambiar; incluso provoca cambios en favor de una percepción más positiva de la realidad.

Una de las primeras investigaciones de gran repercusión sobre los efectos de la meditación fue la de Sara Lazar y su equipo del Hospital General de Massachusetts. Compararon un grupo de meditadores expertos con un grupo control (que no había meditado nunca) y observaron que las regiones del córtex prefrontal y la ínsula anterior —relacionadas con los procesos de atención, sensoriales e interoceptivos— mostraban una mayor densidad en el primer grupo. Además, también sugirieron que la meditación podía lentificar el adelgazamiento de la corteza prefrontal, ya que el grosor de dicha área destacaba en los sujetos expertos de edades más avanzadas.

Por otro lado, se ha comprobado que diferentes tipos de meditación tienen distintos efectos. La meditación de atención focalizada, samatha, se relaciona con las funciones de control cognitivo, regulación atencional y conductual, atención sostenida, recuperación de la memoria episódica, reproducción de situaciones futuras y procesamiento semántico. La meditación basada en la compasión y la bondad repercute en áreas de procesamiento somatosensorial, en la sensación de unión con el cuerpo, en la empatía y en la aceptación de la presencia del dolor. La meditación vipassana, centrada en darse cuenta, se caracteriza por desarrollar funciones como el control voluntario de conductas o pensamientos y procesos interoceptivos como el desbloqueo emocional. Diremos que la meditación nos facilita observar que la realidad no es una ni estática, porque dentro de cada organismo existen otras realidades, otros procesos que la constituyen. Tampoco es algo que se pueda conceptualizar ni delimitar, porque es un proceso y, como tal, está siempre fluyendo. Nuestra existencia es, pues, una de las muchas que devinieron antes, que han sido, son y serán; y es bajo esta lógica que podemos darnos cuenta de que todo cambia y nada permanece.

Otro de los beneficios asociados y que avala la ciencia es que la práctica de la meditación reduce la actividad en los centros cerebrales relacionados con el ego. Uno de los estudios más interesantes de los últimos años, llevado a cabo en la Universidad de Yale, encontró que la meditación y el *mindfulness* disminuyen la actividad en la red cerebral responsable de los pensamientos autorreferenciales. Esta red está activa cuando no se piensa en algo en particular, cuando la mente va de un pensamiento a otro. La rumiación y la preocupación están asociadas a una menor felicidad y esta red cerebral participa en ellas; incluso cuando la mente comienza a rumiar y preocuparse, los meditadores con práctica tienen formadas conexiones neuronales que les permiten librarse de ellas.

Además, por medio de la meditación se puede ralentizar el envejecimiento cerebral; de hecho, un estudio de la Universidad de California descubrió que las personas que meditan, a largo plazo tienen cerebros mejor preservados que las que no lo hacen. También tiene vinculaciones con algo que nos interesa a todos: la reducción de la ansiedad, la depresión, el dolor e incluso la fobia social; sus efectos son iguales a los de los antidepresivos, según una investigación de la prestigiosa Universidad John Hopkins. Esto tiene mucha relación con la demostrada mejora en la atención, la memoria y la concentración. Es más, el entrenamiento de la atención plena mejora la capacidad de memoria de trabajo u operativa, al tiempo que reduce la divagación mental. Después de ocho semanas de meditación, los centros cerebrales de lucha o respuesta (asociadas al miedo), como la amígdala, disminuyen su tamaño.

Hay un estudio muy interesante de la Universidad de Wisconsin en el que durante doce años compararon a expertos en meditación con personas principiantes. Cuando ambos grupos escucharon la voz de personas estresadas, dos áreas cerebrales conocidas por estar relacionadas con la empatía mostraron más actividad en los meditadores expertos. Esto sugiere que las personas que meditan regularmente tienen una mayor habilidad de responder a los sentimientos de otros y de empatizar.

Por último, otros resultados de estudios publicados en la revista *Brain, Behavior and Immunity* muestran que solo con treinta minutos de meditación al día se reduce el riesgo de muerte prematura en un 23 por ciento, el alzhéimer entre un 30 y un 50 por ciento, las enfermedades del corazón entre un 20 y un 30 por ciento y la depresión entre un 25 y un 40 por ciento.

La meditación es, pues, una herramienta transformadora y con un abanico de beneficios enorme, al alcance de todos y asequible para cualquiera, y que se puede practicar en cualquier momento y en cualquier lugar. Estoy seguro de que puede ayudar mucho en la transformación del mundo que compartimos. Tanto de las personas que lo habitamos como del planeta que nos sostiene.

## Los enteógenos: puentes químicos hacia la conciencia expandida

Además de los cambios en la consciencia que se pueden alcanzar con la práctica meditativa, la humanidad ha seguido otros caminos para explorar el misterio. Hablamos de la utilización de sustancias que modifican nuestra relación con la realidad como medio para acceder al conocimiento por diferentes vías. El ser humano ha hecho uso de plantas para ponerse en contacto con la divinidad o con el más allá desde tiempos remotos. Su utilización se orientaba a explorar la vertiente mística de la existencia o para hacer un viaje a nuestro interior.

Empecemos por el principio. El término enteógeno procede de la palabra griega *entheos*, cuyo significado etimológico es «tener a Dios dentro», siendo una palabra que designa una serie de sustancias que producen alteraciones de la conciencia. Existen enteógenos tradicionales naturales, plantas, o preparados elaborados a base de plantas, o sustancias animales que provocan estados modificados de consciencia y cuya ingesta en ritos religiosos o chamánicos está documentada. En la actualidad también hay sustancias obtenidas en el laboratorio cuyo consumo produce efectos similares a los descritos con enteógenos tradicionales naturales. Entre ellos destacan algunos hongos alucinógenos como la psilocibina, el LSD (ácido lisérgico), la ayahuasca, una mezcla de plantas con DMT (dimetiltriptamina) y el peyote, rico en mezcalina. Aunque históricamente se vinculan a prácticas religiosas o espirituales, hoy la ciencia explora cómo estas moléculas interactúan con el cerebro y transforman la percepción humana.

Los enteógenos clásicos actúan principalmente sobre el sistema serotoninérgico uniéndose a un tipo de receptores abundantes en las regiones corticales del cerebro que participan en la génesis de las alucinaciones. Esta interacción desencadena una cascada de efectos, como el aumento de la neuroplasticidad, la capacidad del cerebro para reorganizar sus conexiones y la alteración del procesamiento sensorial, induciendo cambios en la comunicación entre las redes neuronales. Quienes experimentan con enteógenos suelen describir visiones vívidas, sensación de unidad con el universo, emociones intensificadas y una reevaluación profunda de la identidad. Estos efectos subjetivos coinciden con hallazgos científicos. Por ejemplo, estudios de neuroimagen revelan que, bajo la influencia de estas sustancias, se reduce la actividad de la red neuronal asociada al ego y la autorreferencia, lo que podría explicar la disolución del yo, un fenómeno donde los límites entre el individuo y el entorno se desvanecen. De nuevo la Universidad John Hopkins, haciendo uso de la psilocibina, comprobó que hasta el 70 por ciento de los participantes definían sus vivencias como «las más significativas de sus vidas», comparables a experiencias místicas tradicionales. Además, la alteración de la red neuronal parece facilitar un estado mental más flexible, donde patrones de pensamiento rígidos y repetitivos (como los asociados a la depresión o la ansiedad) se disuelven temporalmente. En esta línea, la última década nos ha regalado ensayos clínicos rigurosos que han demostrado que los enteógenos, administrados en entornos controlados, pueden ayudar en el tratamiento de la depresión. Tal es el caso del estudio en *The New England Journal of Medicine*, que halló que la psilocibina fue tan efectiva como los antidepresivos convencionales, y que tuvo efectos más duraderos.

Otra sustancia, la MDMA, conocida usualmente como éxtasis, ha mostrado ser eficaz en los trastornos de estrés postraumático. Las investigaciones realizadas por la Asociación Multidisciplinaria de Estudios Psicodélicos han obtenido una remisión en el 67 por ciento de los casos con tan solo tres sesiones.

La ayahuasca merece un apartado especial. En quechua significa «soga de los espíritus», y en la cosmovisión de los pueblos nativos es la soga que permite que el espíritu salga del cuerpo sin que este muera. La bebida es una mezcla de una enredadera y unas hojas de plantas que se encuentran en la cuenca del río Amazonas. En el contexto de su uso tradicional, y amparándolo bajo el artículo 2.º de la Convención para la Salvaguardia del Patrimonio Cultural Inmaterial de la UNESCO, el 24 de junio de 2008 el Gobierno peruano declaró el uso tradicional de la ayahuasca Patrimonio Cultural de la Nación. Esta estela la están siguiendo Brasil, Ecuador y Bolivia, que están realizando trámites para otorgarle el mismo reconocimiento. En la actualidad hay investigaciones orientadas a medir su capacidad para reducir la dependencia al consumo de drogas y promover una introspección reparadora.

Pese a su potencial, incluido su papel como amplificador terapéutico los enteógenos no están exentos de riesgos. Su uso inadecuado, sin supervisión, en dosis altas o en personas con predisposición a trastornos psiquiátricos puede desencadenar ansiedad aguda, paranoia o psicosis temporal. El «mal viaje» no es un mito, sino una reacción posible ante estímulos abrumadores. De ahí la importancia de tomarlos en un contexto mental y un ambiente seguros, desaconsejando su consumo recreativo sin preparación. La mayoría de los enteógenos siguen siendo ilegales en muchos países, aunque hay avances. En 2023, Australia autorizó psilocibina y MDMA para uso terapéutico, y estados como Oregón, en Estados Unidos, despenalizaron su posesión. Sin duda, el reto actual es equilibrar el acceso médico, con regulaciones que eviten abusos.

Podemos concluir que los enteógenos son herramientas poderosas para explorar la conciencia y tratar enfermedades mentales. Sin embargo, su uso responsable exige rigor científico, respeto a sus raíces culturales y políticas basadas en evidencias. Como escribió el etnobotánico Terence Mckenna: «No son drogas en el sentido usual, sino llaves que abren puertas a dimensiones olvidadas de la mente». La tarea de la ciencia es entender cómo emplearlas para sanar, sin perder de vista su complejidad y misterio.

## El papel de los ritos

Estoy seguro de que has realizado más de uno y de dos ritos en tu vida. Mi objetivo con este apartado es explicar qué hay detrás de ellos. Podemos definir el rito como una unidad simbólica de expresión enmarcada en un espacio y en un tiempo limitados que designa actos que no pueden explicarse racionalmente. Suele incluir fórmulas de comunicación establecidas culturalmente, como posturas y actitudes, intercambios verbales, silencios, símbolos materiales, etc. Uno de los elementos universales característicos de los ritos es que debe ser eficaz para la expresión de momentos de intensidad vital y emocional, para preservar un orden y para dar un sentido trascendente a un hecho concreto.

Arnold van Gennep fue el primero en incorporar al lenguaje de la antropología social el término «rito de paso» para definir aquellos ritos que determinan la transición de un estado de vida a otro, que representan los cambios básicos en la vida de una persona y, al mismo tiempo, permiten en la comunidad momentos de unión y de polarización psicológica para que quienes estén involucrados se sientan llenos de fuerza para asumir la nueva condición y transformación vital.

El etnógrafo alemán diferencia tres fases. Una primera de separación, en la que se expresa simbólicamente el distanciamiento del individuo o del grupo de un punto anterior fijado en la estructura social, de un estado o de ambos. Incluye rituales que simbolizan la ruptura con el pasado, por ejemplo, ceremonias de despedida, ayunos, aislamiento… Una segunda fase de marginalidad o liminalidad, en la que las características de quien experimenta el cambio son ambiguas, porque atraviesa un entorno cultural que no es ni el estatus del que parte, ni tampoco al que aspira. En esta fase, el individuo ya no pertenece al grupo anterior pero aún no ha sido integrado en el nuevo. Es una fase típica de iniciación en la adolescencia, en la que aparece el aislamiento y la separación de lo que le rodea, con retos como pruebas físicas, hasta que aparece la maduración. La tercera fase es de reincorporación o agregación, y es en la que el sujeto (ya sea individual o colectivo) consuma el cambio de estado, en virtud del cual adquiere ciertos derechos y obligaciones claramente estructurados por la sociedad. En nuestra cultura podríamos traducir esa interpretación partiendo del concepto de pérdida y viendo un paralelismo entre esa primera fase de *shock* ante la pérdida, una segunda fase de elaboración del proceso de duelo y otra tercera de transformación personal y nueva vida. Otro ejemplo sería el matrimonio, cuyas tres fases se corresponderían con el ritual de la despedida de la soltería (separación), la ceremonia nupcial (liminalidad) y el banquete (agregación).

Para ser eficaz, un rito, en caso de ser repetido, debe ser fijo o fijado por la propia persona o por la comunidad, que pueden darle características propias. Un rito debe ser flexible tanto para quien lo practica como en sus características. La clave es la esencia con la que te conecta, no la forma en sí misma; de no ser así, pierde su sentido y, en cierto modo, su eficacia. Los ritos vacíos carecen de valor transformador y sanador. La flexibilidad es abierta por definición; por eso, cuanto más flexible sea un rito, más fácil será la incorporación de nuevos significados que se ajusten a los cambios históricos e individuales, potenciando un estado adecuado de conciencia que evoque emociones intensas.

¿Cuál es la finalidad del ritual como tal? Serían dos: comunicar unos significados compartidos y comunicarnos con ellos, y hacerlo de modo eficaz, influyendo en nosotros, en el grupo social o en el poder divino. Es un tipo de comunicación que se pretende eficaz, bien para lograr un cambio, bien para renovar una relación. Por ejemplo, en el duelo, el rito es la manifestación y el intento de buscar sentido a la pérdida. Si el duelo es un proceso, vivir el rito en el duelo expresa dicho proceso. Es más, el duelo es un proceso con una carga simbólica enorme y que incluye un rasgo común de todos los ritos: que son actos que trascienden las palabras y que nos ayudan a simbolizar y representar lo que sentimos y lo que las palabras no alcanzan a expresar.

El lenguaje del inconsciente, de nuestra psique y nuestra emoción a menudo fluye de manera más viva y completa a través de los símbolos que de las palabras, sobre todo cuando lo que queremos expresar es algo tan grande como amor, orgullo o culpa, por ejemplo. Es a través de los homenajes y los ritos que hacemos partícipe a la comunidad del dolor que sentimos. Los homenajes unen *per se*, y más en una sociedad que tiende a esconder el dolor y a hacerlo cada vez más privado y médico; por eso los ritos pueden favorecer que los dolientes rompan con ese aislamiento y que los lazos de la comunidad arropen y acojan lo sucedido. En la mayoría de los casos, necesitamos ceremonias que alivien la angustia de la irrupción de la muerte. Un fallecimiento, aun siendo esperado y acompañado, suele ir ligado al dolor y la sorpresa: no terminamos de estar preparados para la muerte. Deja una sensación de descontrol y vacío, y necesitamos ritos que den cierta continuidad a la vida, en este caso, a través del dolor compartido. Cuando mantenemos ese «susto» que deja la muerte a su paso en el silencio y aislamiento de la soledad, se queda sin atender y tiende a convertirse en un prisma a través del cual el doliente empieza a mirar la vida de forma sesgada, pero es lo que buenamente puede hacer.

Está claro que la muerte es un evento universal, pero la forma en que los seres humanos la procesamos varía culturalmente. Y mucho. Los rituales funerarios, desde entierros ceremoniales hasta conmemoraciones colectivas, no son meras tradiciones; la ciencia revela que cumplen funciones biológicas, psicológicas y sociales clave para afrontar la pérdida. Los rituales ofrecen un marco estructurado para gestionar el caos emocional que sigue a una muerte. Estudios en neurociencia, como uno publicado en *Psychological Science*, sugieren que las acciones repetitivas y simbólicas como encender velas, cantar o compartir recuerdos, activan regiones cerebrales asociadas al control emocional. Esto reduce la ansiedad y ayuda a «ordenar» el duelo, facilitando la aceptación progresiva de la pérdida.

Antropólogos como Margaret Mead destacaron que los rituales refuerzan los lazos comunitarios. Esto se debe a que, al reunir a familiares y amigos, se crea una red de apoyo que amortigua el aislamiento del doliente. Un estudio de la Universidad de Oxford del 2020 demostró que las personas que participan en ceremonias colectivas reportan menor sensación de soledad y mayor resiliencia gracias a la liberación de oxitocina, hormona vinculada a la confianza y la conexión social. Tiene sentido, ¿verdad?

Los rituales actúan como puentes entre lo individual y lo colectivo. Al honrar tradiciones, como el Día de Muertos en México o los ritos budistas, se otorga un sentido trascendente a la muerte, integrando la pérdida en un relato cultural más amplio. Según la psicóloga clínica Pauline Boss, esto mitiga la «angustia de lo inconcluso», ayudando a reconstruir la identidad de quien está padeciendo en un mundo transformado. Por eso, lejos de ser meras formalidades, los rituales *post mortem* son mecanismos evolutivos que equilibran nuestra vulnerabilidad emocional con la necesidad de pertenencia. La ciencia confirma lo que las culturas intuyeron por milenios: para sanar, necesitamos lágrimas y ceremonias. En un mundo moderno que a menudo trivializa la muerte, estos actos siguen siendo un antídoto contra el vacío.

Canalizar el duelo tiene mucho que ver con compartir, con la necesidad psicológica de catarsis conjunta. Pero no todo el valor del ritual tiene que ver con esto, también es importante para simbolizar y expresar el dolor a través de un acto que tiene una simbología especial y que se puede vivir tanto en colectividad como en la intimidad o la esfera privada y personal. Lo importante aquí (y en parte sanador) es que cuando el doliente empieza a pensar en organizar algún tipo de homenaje o ritual, se ponen en marcha muchos aspectos importantes de la elaboración del duelo: se para a escuchar qué necesita, cómo llevarlo a cabo, si involucrar a alguien, cómo planificarlo y qué es lo que quiere expresar en ese homenaje o acto concreto. El duelo es un proceso integral que va acompañado del hecho de que en la elaboración de los rituales se ponen en marcha todas las áreas del ser humano: la emocional, la cognitiva y la espiritual; así que... larga vida a los rituales.

# 10

# Experiencias cercanas a la muerte (ECM)

*¡Destellos de eternidad*
*en un suspiro vital!*

Vicente Arráez

He dedicado el último medio siglo a intentar comprender cómo es posible que Holly supiera lo de aquella mancha de espaguetis.

Bruce Greyson

Una mañana, un joven médico apura un plato de espaguetis en el comedor de un hospital. Sin querer y por descuido, se le cae el tenedor al plato, provocando que un salpicón de tomate salte hasta su corbata recién estrenada. Inmediatamente después, coge una servilleta húmeda y la frota contra la prenda, haciendo que la mancha se extienda aún más por la tela. De forma paralela, le informan que ha llegado una nueva paciente a la Sala de Examen del centro. Se trata de una adolescente llamada Holly que ha intentado suicidarse y está completamente inconsciente. Una línea muy delgada separa a Holly de la vida y la muerte. Afortunadamente, su corazón todavía late. A la mañana siguiente, le comunican que Holly ha pasado la noche en la UCI. Pero, por fortuna, su corazón vuelve a latir de forma regular. Cuando el joven médico acude a su habitación aliviado al saber de su mejoría, se la encuentra despierta y algo somnolienta. Se presenta ante Holly, pero no necesita decir nada más. Ella sabe quién es. Le informa de que el día anterior le había visto hablando con Susan, la compañera que avisó a los servicios de urgencia en el pasillo y que tenía una mancha de espaguetis en su corbata. De pronto, el joven médico llamado Bruce Greyson se encuentra con lo inexplicable. La paciente no solo sabía quién era y cómo se había manchado la corbata, también repitió la conversación que había tenido con su amiga.[6]

Las experiencias cercanas a la muerte (ECM) han fascinado a científicos, filósofos y al público en general durante décadas. Este capítulo explora estas experiencias, comenzando con un caso emblemático que desafía nuestra comprensión de la conciencia y de la vida después de la muerte. Antes de entrar en materia, es necesario acotar a qué nos referimos cuando utilizamos estas siglas.

## Qué se entiende por ECM

En culturas ancestrales como la egipcia, la griega o la tibetana, este tipo de experiencias se vinculaban a mitos del más allá o a viajes del alma. Hasta el siglo XX, las ECM se interpretaban como

---

6. Resumen de una entrevista en *El Confidencial.com:* <https://www.elconfidencial.com/alma-corazon-vida/2021-05-30/bryan-greyson-entrevista-muerte-vida_3098363/>.

evidencias de lo espiritual o sobrenatural, sin cuestionamiento científico. Fue el psiquiatra Raymond Moody el primero en acuñar el término ECM en su libro *La vida después de la vida*, publicado en 1975, en el que identificó patrones recurrentes como las experiencias extracorpóreas, la sensación de paz absoluta, la revisión panorámica de la vida y los encuentros con figuras luminosas.[7] A pesar de que estos hallazgos despertaron el interés de otros investigadores, los resultados reportados por Moody estaban basados en testimonios anecdóticos, aún sin metodología científica rigurosa.

Son varias las acepciones de las ECM, todas interesantes. Bruce Greyson las define como «sucesos psicológicos de gran calado con elementos místicos y trascendentes que acontecen típicamente a individuos próximos a la muerte o en general en situaciones de intenso peligro físico o emocional». David Lorimer describe las ECM como «la secuencia de experiencia consciente que continúa a pesar de la ausencia de signos vitales externos».

En palabras de Pim van Lommel, referente mundial en el estudio de las ECM, se trata de una «reminiscencia, documentada, de todas las impresiones experimentadas durante un estado especial de la conciencia, que incluye elementos específicos como la visión del túnel, la luz o la retrospección panorámica de la propia vida, así como visiones de personas fallecidas e incluso la visión de la propia reanimación de forma detallada».

El catedrático de psiquiatría y ciencias neuroconductuales Bruce Greyson concluye que las experiencias cercanas a la muerte «son sucesos psicológicos de gran calado, con elementos místicos y trascendentes que acontecen típicamente en individuos próximos a la muerte o en situaciones de intenso peligro físico o emocional». Es el caso de algunos alpinistas o practicantes de diferentes deportes de riesgo

---

7.  Moody, R., *La vida después de la vida*, Madrid, Editorial Edaf, 2017.

que refieren experiencias del tipo que comentamos en situaciones límite. Comentaré alguna de índole personal al final del capítulo.

Más allá de cualquier definición, pues cada una aporta un matiz concreto, se denominan ECM a los fenómenos subjetivos referidos por personas que han estado al borde de la muerte clínica, por ejemplo, durante un paro cardiaco, o en situaciones de extremo peligro. Suelen incluir sensaciones como viajar por un túnel hacia una luz, encuentros con seres queridos fallecidos, revisiones de la vida o una profunda paz.

Como vemos, son muchos los autores que han dibujado una definición de las ECM, y todas ellas tienen una serie de elementos en común. Si continuamos con el abordaje, podemos decir que estas vivencias suelen describirse como extremadamente placenteras (una suerte de paraíso utópico) y que incluyen características como las ya descritas. Las ECM se informan cada vez más como una realidad fisiológica y psicológica claramente identificable que tiene una gran importancia clínica y científica. La definición y las causas del fenómeno, así como la identificación de los experimentadores de ECM, aún son temas de debate.

El fenómeno ha sido retratado exhaustivamente por los medios de comunicación, pero no hay que omitir el hecho de que la ciencia que se ocupa de las ECM es bastante reciente y aún carece de datos experimentales rigurosos y de experimentos controlados reproducibles. Parece que la tendencia de las teorías más apropiadas para explicar el fenómeno es la de integrar mecanismos tanto psicológicos como neurobiológicos. Es notable el hecho de que la experiencia esté cargada de una riqueza e intensidad de la memoria, a pesar de tratarse de un contexto cerebral crítico; esto desafía nuestra concepción de la conciencia y ofrece una oportunidad única para comprender mejor los correlatos neuronales de la conciencia.

En cualquier caso, sepamos o no su origen «verdadero», hay

que admitir que estas experiencias son vividas por un numeroso grupo de personas que sienten lo experimentado como lo más real que han vivido, incluyendo la propia experiencia consciente de estar vivo. Por ello, el sentimiento de trascendencia que se desprende de tales experiencias es un principio del que no debemos apartarnos y mucho menos obviar.

## Explicación científica de las ECM

Para tratar de explicar las ECM, la neurociencia y la psicología ofrecen hipótesis basadas en mecanismos biológicos.

Por un lado, las teorías psicológicas proponen que la consciencia de estar muerto o cerca de morir es un factor clave para desencadenar una ECM. Esta predisposición reflejaría las creencias y expectativas de la persona en torno a una posible vida después de la muerte. Las personas que creen en la existencia de esta tienen más facilidad para vivir este tipo de experiencias y contarlas. Según la hipótesis de despersonalización y disociación, cuando un individuo se enfrenta a una situación que amenaza la vida, se produciría una desconexión del mundo externo y la persona se involucraría en fantasías orientadas internamente como un mecanismo de defensa para hacer que la nueva realidad sea más inteligible y menos angustiante.

Desde el punto de vista de la neurobiología, las hipótesis son abundantes y variadas, y han evolucionado de forma especial a lo largo de los últimos años, fundamentalmente con los avances de las técnicas de imagen, como la resonancia nuclear magnética funcional. Charlotte Martial y su grupo de la Universidad de Lieja han publicado más de noventa artículos en revistas internacionales, como *Nature Reviews Neurology*, *Trends in Cognitive Sciences*, *Critical Care* y *Sciences Advances*, en los que describen tres tipos de desencadenantes potenciales para que se produzca una ECM: el estrés fisiológico, con cambios en los niveles de oxígeno en el cerebro; la liberación de sustancias como la epinefrina y las endorfinas; y la disfunción de la corteza cerebral. Con base en datos obtenidos por neuroimagen, parece clínicamente plausible que los pacientes reanimados que experimentan ECM puedan haber sufrido lesiones isquémicas o hipóxicas transitorias que afectarían fundamentalmente al área de la visión. En cuanto al papel de los neurotransmisores, también se ha sugerido que las ECM podrían estar asociadas con la liberación de sustancias endógenas específicas. De hecho, al estudiar las drogas, algunas investigaciones han demostrado similitudes entre las ECM y la fenomenología de sustancias como la ketamina. El uso de este anestésico produce sensaciones similares a las experimentadas en las ECM, como paz y tranquilidad, experiencias extracorporales y estados místicos y de comunión divina.

En los estudios realizados por K. L. Jansen y R. M. Sapolsky se describe el papel destacado de los cambios en la actividad de la serotonina y la liberación masiva de endorfinas en los casos de muerte inminente, siendo el papel de estas sustancias algo clave para que el organismo se defienda de una situación desagradable.[8]

Recientes investigaciones, de Tononi, Koch y Borjigin, sugieren que el cerebro humano podría experimentar, en situaciones extremas como la cercanía a la muerte, un fenómeno de actividad neuronal acelerada en forma de «oleadas» de alta frecuencia. Este patrón, caracterizado por ráfagas de ondas gamma (30-100 Hz) o incluso más rápidas, había sido previamente documentado en mo-

8. Jansen, K. L. R. (1997), «Ketamine-induced near-death experiences of The Near-Death Experience: A Clinical Investigation», *Springer Nature*, 1997, vol. 16 y Sapolsky, R. M., «Stress, Glucocorticoids, and Damage to the Nervous System», en Stress, 1996, n.º 1, vol. 1.

delos animales bajo condiciones de hipoxia o isquemia cerebral. Estas rápidas oscilaciones podrían estar asociadas a un último esfuerzo del cerebro por mantener la homeostasis ante la falta de oxígeno, activando redes neuronales de manera sincronizada. Algunas hipótesis plantean que este mecanismo podría estar relacionado con experiencias subjetivas cercanas a la muerte (ECM), como visiones o recuerdos vívidos, debido a la hiperactividad de regiones como la corteza temporal o el tálamo. Sin embargo, aún se desconoce si estas oleadas son un epifenómeno de la degradación metabólica o un proceso adaptativo con funciones específicas. Su estudio en humanos es complejo por la dificultad de capturar datos en contextos clínicos críticos, pero avances en monitorización cerebral no invasiva (como EEG de alta densidad) podrían arrojar luz sobre este intrigante fenómeno en el futuro. Si se confirma, este hallazgo desafiaría la idea de que la actividad cerebral se apaga progresivamente ante la muerte, sugiriendo, en cambio, una fase final de intensa, aunque breve, actividad electrofisiológica.

Otras teorías proponen que la falta repentina de oxígeno en el cerebro, como en un desmayo o un paro cardiaco, altera el equilibrio entre estados conscientes e inconscientes. Esto podría activar mecanismos similares a los del sueño REM, la fase en la que soñamos de forma vívida. Es más, en situaciones extremas, este modo REM podría invadir la vigilia, causando alucinaciones visuales o auditivas, parálisis temporal o sensaciones de flotar, típicas de las ECM. De hecho, existen varios estudios que demuestran que las personas que han vivido ECM suelen ser más propensas a fenómenos como la parálisis del sueño o a tener sueños intensos al dormirse y justo antes de despertar.

Hay estudios recientes que sugieren una conexión entre las intrusiones de sueño REM en estados de vigilia y las experiencias cercanas a la muerte, destacando este factor por encima de otros como el estrés o el entorno. Algunos hallazgos clave, como el estudio de *NeuroQuantology* de 2022, encuentran que los pacientes que tuvieron ECM reportaron una mayor frecuencia de intrusiones de sueño REM (parálisis del sueño, alucinaciones hipnagógicas) en comparación con los grupos control. Estos fenómenos se asociaron con percepciones extracorpóreas y encuentros con seres luminosos, típicos de las ECM. Dicho estudio sugiere que la desregulación del sistema colinérgico (vinculado al REM) podría explicar mejor las ECM que factores psicológicos como el estrés.

## Cómo identificar una ECM

A pesar de que hemos visto que hay una serie de características, e incluso patrones, existe una herramienta llamada «Escala de Experiencias Cercanas a la Muerte» desarrollada por Greyson con el fin de facilitar la identificación de las ECM para su uso en entornos clínicos y de investigación.

En primer lugar, seleccionó ochenta características descritas en la literatura científica sobre ECM y posteriormente las redujo a una herramienta validada de dieciséis ítems de opción múltiple utilizada para cuantificar la intensidad de la ECM. Cada ítem o característica se organiza en una escala ordinal que va de 0 a 2, donde 0 = «no presente», 1 = «leve o ambiguamente presente» y 2 = «definitivamente presente». Así, con esta escala se obtiene una puntuación que va de 0 a 32. Una puntuación de 7 o más califica la experiencia como una ECM.

Aunque el uso de esta escala tiene valor científico, su utilización cuenta con limitaciones, en algunos casos por infravaloración y en otros por sobrestimar lo que miden. Es más que discutible que los elementos estimados por Greyson en sus escalas sean los únicos que se puedan considerar como propios de una ECM, dado el carácter general de esta. Tampoco tiene sentido, por este mismo motivo, determinar que todo aquello que puntúe por debajo de cierto valor preestablecido no es ECM; tal vez sea una ECM con menor profundidad, pero será una ECM a fin de cuentas. De igual manera, la escala de Greyson ignora relatos de ECM desagradables o angustiantes; de hecho, ninguno de los ítems de la escala de ECM de Greyson se refiere a emociones negativas.

Fueron estas razones las que llevaron a Martial y su equipo a reexaminar la estructura compositiva de la escala de ECM y, en línea con la literatura actualizada, a desarrollar una nueva escala validada, la escala «Contenido de Experiencia Cercana a la Muerte». Esta escala contiene veinte ítems y devuelve una puntuación total que va de 0 a 80. En la escala NDE-C (por sus siglas en inglés), hay seis preguntas que se agrupan en una categoría denominada «Más allá de lo habitual»; dos preguntas abordan «Armonía»; cinco, «Perspicacia»; otras cinco, «Frontera»; y dos abordan el túnel y pueden entrar en la categoría de «Puerta de enlace». Las respuestas a cada ítem se dan en una escala del 0 a 4, donde 0 corresponde a «en absoluto; ninguna», 1 corresponde a «ligeramente», 2 corresponde a «moderadamente», 3 corresponde a «fuertemente; equivalente a cualquier otra experiencia fuerte» y 4 corresponde a «extremadamente; más que cualquier otra experiencia fuerte y más fuerte que 3». De acuerdo con esta escala, un individuo con una puntuación de 27 o más califica la experiencia como ECM. Para estudios posteriores, esta puntuación de corte se ha considerado óptima para detectar experiencias suficientemente ricas y estereotípicas para ser consideradas como ECM. De hecho, esta escala facilita la investigación empírica y la estandarización, y, hasta el momento, es la herramienta más rigurosa basada en la literatura más actualizada que permite identificar ECM.

Hay que añadir que el grupo usó otras tres escalas de encuestas relevantes para las experiencias espirituales con el fin de desarrollar y validar la escala NDE-C. Cabe destacar que la categoría de experiencias evaluadas por los desarrolladores de la escala consistió en ECM, ECM ligera, efecto de las drogas, meditación y trance, lo que permitió, por tanto, distinguir las ECM de las experiencias con drogas y la meditación. Sin embargo, desde un punto de vista práctico, es importante enfatizar que cada experiencia autorreportada, incluso aquellas con una puntuación por debajo del valor de corte, debe tomarse en consideración, ya que, de esta manera, se podrá brindar una mejor atención a quienes la han vivido.

## Características y contexto de las ECM

Como hemos podido entrever en las líneas previas, cuando hablamos de ECM estamos haciendo referencia a experiencias subjetivas fascinantes y complejas caracterizadas por una serie de fenómenos psicológicos y fisiológicos.

Uno de los rasgos más llamativos de las ECM es la viveza de los recuerdos posteriores, a pesar de que las experiencias suelen surgir en un contexto crítico. De hecho, el informe de los recuerdos de las ECM es extremadamente vívido, rico y detallado en comparación con cualquier otro recuerdo. Más específicamente, un estudio reciente mostró que los recuerdos de ECM se destacan por contener una mayor cantidad de detalles, sobre todo en términos de aspectos internos/episódicos, en contraposición con los flases y los recuerdos autobiográficos, que tienen una pátina algo más difusa.

Además, la intensidad de la ECM parece variar de acuerdo con la importancia que la persona le da, lo que sugiere que si es muy intensa, esta puede considerarse como un hito en la vida del experimentador. Se ha planteado la hipótesis de que la importancia atribuida a la ECM podría mejorar potencialmente las características de los recuerdos de la experiencia; por tanto, se puede sugerir que, a medida que la ECM se vuelve más rica, la codificación de la memoria se hace más profunda y específica, lo que resulta en una mayor frecuencia de características fenomenológicas dentro de la memoria.

Finalmente, la intensidad de las ECM no parece aumentar o disminuir con el tiempo transcurrido, lo cual es muy curioso, y los recuerdos parecen ser estables en el tiempo y persistir durante años e incluso décadas. Formarían parte de lo que se denominan «memorias Flashbulb», que vienen a ser recuerdos vívidos y detallados de eventos inesperados, sorprendentes y con una gran carga emocional.

La mayor parte de la literatura sobre ECM proviene de culturas occidentales, pero, según los datos publicados, teniendo en cuenta la religiosidad y el contexto cultural, estas variables parecen tener una influencia en el contenido de las ECM y su interpretación. Mientras que los experimentadores occidentales podrían describir las presencias percibidas en su ECM como ángeles guardianes, los orientales, por ejemplo, en la India, podrían verlos como mensajeros del dios de la muerte. Ahora bien, aunque el trasfondo sociocultural pueda influir en el contenido y la interpretación (como sucede en casi todas las parcelas vitales de estudio), los informes generales muestran suficiente contenido y significado común para que se consideren una experiencia humana universal que genera un gran interés para la neurociencia moderna.

En los últimos años, algunos artículos también han explorado el papel de los rasgos de personalidad y el perfil cognitivo como factores potenciales en la ocurrencia de ECM. Posiblemente, ciertos rasgos, experiencias disociativas, propensión a la fantasía o a la imaginación y adherencia a creencias paranormales podrían estar asociados con el recuerdo de la ECM. De manera similar, Martial y sus colaboradores informaron de una correlación positiva entre la intensidad de las ECM y la participación en la fantasía. Sus hallazgos invitan a reflexionar sobre cómo la mente humana, especialmente su capacidad para imaginar y construir realidades internas, podría estar vinculada a vivencias tan profundas como las ECM. Sería comparable, en cierto modo, a cómo las personas con una gran imaginación suelen describir sueños más vívidos o experiencias artísticas más intensas. Esto no implica necesariamente una relación causa-efecto, es decir, no se afirma que la fantasía cause ECM más intensas, ni viceversa, sino que ambas características tienden a coincidir en las mismas personas. Podría sugerir, por ejemplo, que individuos con una mente más propensa a la fantasía experimentan sus ECM con mayor riqueza subjetiva, o que ciertos rasgos cognitivos favorecen tanto las ECM vívidas como la actividad imaginativa.

La investigación abre preguntas fascinantes sobre la subjetividad humana y los mecanismos cerebrales compartidos entre la fantasía y las experiencias límite. Por último, y siguiendo los pasos del estudio retrospectivo de Greyson de 2003, que sentaba las bases para asentar los aspectos psicológicos y fenomenológicos de las ECM, otro equipo liderado por Rousseau publica en el año 2021 el primer estudio prospectivo que demostró la influencia de la propensión a la disociación en la aparición de ECM. La disociación es un fenómeno psicológico que se caracteriza por la separación de pensamientos, sentimientos o experiencias del flujo normal de conciencia. El estudio encontró que una mayor frecuencia de síntomas de disociación, por ejemplo, soñar despierto, y una mayor sensación de bienestar espiritual y personal fueron los predictores más fuertes para recordar las ECM.

Un dato que quizá sorprenda es que las ECM se experimentan sin diferencias incluso si quienes las viven son personas ciegas de nacimiento o con alguna discapacidad intelectual.

## Consecuencias de las ECM

Un factor común denominador de las personas que han vivido una ECM es que a menudo experimentan cambios significativos y duraderos en sus creencias, actitudes, relaciones y comportamientos.

Russell Noyes, profesor emérito de Psiquiatría de la Facultad de Medicina de la Universidad de Iowa, en colaboración con Peter Fenwick, llevó a cabo uno de los primeros estudios sobre el impacto de las ECM. En él participaron doscientas cinco personas que se habían enfrentado a situaciones potencialmente mortales. Las respuestas de cada uno se clasificaron según las cualidades que contenían los elementos de despersonalización, hipervigilancia y conciencia mística. Los factores místicos contenían elementos como gran comprensión, sentido de armonía o unidad, sentimientos de alegría y revelaciones. En estos estudios también se incluyeron aquellos elementos etiquetados como «intensidad alucinatoria», tales como imágenes, colores y visiones nítidas o vívidas. Con independencia de sus experiencias subjetivas, durante estos eventos, aproximadamente dos tercios de los participantes informaron de un cambio posterior en su perspectiva sobre la vida y la muerte. Esto se complementa a la perfección con el hecho de que otros estudios muestran que las consecuencias incluyen una disminución en el miedo a la muerte, una mayor sensación de invulnerabilidad, un sentimiento de ser especial o importante y una mayor creencia en la vida después de la muerte.

Existen múltiples estudios y testimonios que indican que las personas que han experimentado una ECM suelen afrontar la vida de manera distinta y muestran cambios positivos en su perspectiva y comportamiento. Algunos de los más relevantes serían:

- Mayor aprecio por la vida. Muchos reportan una mayor valoración del presente. Y en el último nos centramos en la muerte y el no temor a ella.
- Priorización de relaciones personales. Tras la ECM, suelen dar más importancia al amor, a la familia y a las conexiones humanas que a lo material.
- Reducción del estrés y de la ansiedad. Adoptan una actitud más relajada ante problemas cotidianos.
- Deseo de ayudar a otros. Desarrollan una mayor empatía y compromiso con causas sociales, espirituales o ecológicas.
- Cambios profesionales. Algunos abandonan carreras materialistas para dedicarse a profesiones de servicio (medicina, enseñanza, voluntariado).
- Mayor conexión con lo trascendental. Independientemente de sus creencias previas, muchos adquieren una espiritualidad más universal.
- Pérdida del miedo a la muerte. La ECM suele reducir el temor al fallecimiento, viéndolo como un proceso natural.

Estos datos están contrastados por las investigaciones de doctores como los citados Greyson o Pim van Lommel.

Quienes han tenido este tipo de experiencias están totalmente seguros de lo que han vivido y, en muchos casos, poco les importa la incomprensión que otras personas hacen de este tipo de relatos o las explicaciones que puedan dar, porque para ellos es tan real que nada puede hacer tambalear la huella que las experiencias les dejan.

## Debates sobre las ECM

Pim van Lommel, cardiólogo holandés e investigador pionero en el estudio de las ECM, propone que estas desafían la visión materialista tradicional de la conciencia. A través de su investigación en pacientes con paro cardiaco, observó que en el momento en que el cerebro carece de actividad medible un porcentaje significativo relataba ECM vívidas, incluyendo elementos que ya hemos visto y que refuerzan esta afirmación. Su conclusión principal es que la conciencia podría ser un fenómeno no local, independiente del cerebro, que persiste incluso en ausencia de actividad neuronal.

En su estudio prospectivo publicado en *The Lancet*, el 18 por ciento de los pacientes con paro cardiaco reportó ECM. Algunos describieron detalles verificables como conversaciones en quirófanos durante la reanimación, lo que, para Van Lommel, respalda la autenticidad de las experiencias. Su propuesta ante hechos como este es que la conciencia podría operar bajo principios cuánticos, como la no localidad, de manera similar al entrelazamiento cuántico, donde la información trasciende el espacio-tiempo. Van Lommel ofrece un desafío provocador al paradigma materialista, pero su teoría requiere más evidencia interdisciplinar. Su valor reside en ampliar la conversación sobre la conciencia, integrando ciencia, filosofía y espiritualidad. Un texto divulgativo debería equilibrar su entusiasmo con escepticismo científico, invitando al lector a explorar el misterio sin dogmatismos.

El proyecto AWARE II, diseñado por Parnia y Fenwick, es un proyecto internacional que estudió las imágenes recogidas en quirófanos para probar percepciones durante las ECM. De los ochenta y cinco casos analizados, ninguno identificó las imágenes, aunque algunos pacientes reportaron ECM. Esto no invalida las experiencias, pero cuestiona su supuesto «carácter objetivo».

A lo largo de la historia, las creencias religiosas y el misticismo han alimentado la idea de que la conciencia trasciende más allá de la muerte. Muchas personas, basándose en experiencias espirituales profundas, pierden el miedo a morir porque están convencidas de que existe algo después, un más allá donde la esencia de lo que somos permanece. Desde el misticismo y las creencias religiosas se ha transmitido una ilusión por la trascendencia de la consciencia basada en las experiencias personales de los místicos, tras las que el miedo a la muerte desaparece en favor de la convicción de la existencia del más allá.

En cuanto a la ciencia, los resultados de los estudios, que de un tiempo a esta parte están multiplicando exponencialmente su publicación, comienzan a hacer tambalear los antiguos paradigmas al incorporar nuevos datos acerca de la supervivencia de la consciencia y al provocar que emerjan nuevas preguntas como dónde acaba la vida o si, a la luz de los nuevos datos científicos, podemos llamar «estar muertos» a ese estado de supervivencia o trascendencia de la consciencia a pesar de que el cuerpo carezca de signos vitales compatibles con la vida.

Greyson, Pim van Lommel, Peter Fenwick y otros investigadores entre los que me encuentro representamos a un grupo que considera que el cerebro, en vez de generar consciencia, es más bien una interfaz que delimita la posibilidad de percibir cosas ajenas a los sentidos ordinarios u oficialmente reconocidos. El cerebro es el receptor-transmisor que nos conecta con la conciencia y que, a través de la mente, construye la realidad. Cuando hay una ECM, el cerebro está técnicamente inactivo, pero toda la información se encuentra en el campo de la conciencia no localizada. Cuando el cerebro recupera su actividad, vuelve a ser capaz de traducir toda la información seleccionada y, con los filtros que cada persona tiene, describir lo experimentado en esa dimensión inmaterial y, por lo tanto, no local.

Greyson, después de cincuenta años de investigaciones al respecto, admite que no sabe qué causa las ECM, pero descarta que sean originadas por una caída en los niveles de oxígeno, o por la actividad eléctrica en el cerebro o que sean el resultado de los medicamentos que se administran a los pacientes. Y concluye con la creencia de que la evidencia apunta abrumadoramente a que el cuerpo físico no es todo lo que somos. Así pues, parece haber algo que puede continuar después de que el cuerpo muera.

Hace un tiempo, el profesor de Filosofía de la Universidad de California John Martin Fischer publicó un artículo en *The New York Times* en el que analizaba el estado de la cuestión sobre las ECM y señalaba que la mayoría representan un viaje hacia un reino imaginario, pero no un paso exitoso hacia él. En las ECM llegamos directamente al borde del universo, pero nos detenemos antes de atravesarlo, señala Fischer. Afirma que las ECM no muestran que haya otra vida, pero son sumamente importantes porque nos recuerdan la posibilidad de morir bien. Nos señalan algo profundo y hermoso sobre la muerte. Nos dan una esperanza real, no una falsa, para afrontar la siguiente parte de nuestro viaje, sea lo que sea lo que nos depare.

Existe un aspecto temporal que llama la atención, y es que el número de ECM ha aumentado significativamente en las últimas décadas. Ello es debido a los avances en las técnicas de desfibrilación y reanimación cardiopulmonar (RCP), lo que ha hecho que sea posible desarrollar estudios prospectivos en los hospitales en un intento de correlacionar las causas psicológicas, fisiológicas y farmacológicas de la ECM.

En la actualidad, se trabaja en diferentes proyectos, liderados por la Fundación Metta Hospice, que estudian las posibles manifestaciones en el escenario de una persona que está en proceso de morir, teniendo en cuenta los estudios previos realizados por el Proyecto de Conciencia Global. Estas investigaciones se centran en observar si hay cambios en la materia. Utilizan para ello dispositivos que generan números de forma aleatoria que son recogidos en un ordenador continuamente (serían lo que consideramos la parte material) y analizan cómo se modifican estas secuencias cuando se produce un evento de gran carga emocional como es la muerte. Los estudios en marcha están ofreciendo resultados alentadores para continuar profundizando en este fascinante tema.[9] Concluiré este capítulo haciendo referencia a varias experiencias personales relacionadas con todo lo descrito.

Una vez, me caí de una pared mientras escalaba. La disolución del tiempo que pasa desde que caes hasta que el compañero de escalada te sujeta es muy evidente, es difícil de transmitir en palabras. Mientras estás cayendo, solo percibes el espacio vacío y mi sensación no contenía ni un ápice de miedo. Son momentos completos de vacuidad.

En otra ocasión, me ocurrió buceando en un río subterráneo. Era un río con zonas aún sin explorar y justo una semana antes había leído en la prensa que habían encontrado a dos buceadores ahogados allí. Se accedía a él por la entrada de una cueva bajo el nivel del mar, en una playa de Alicante, Benitachell. Entramos un grupo de cuatro personas y fuimos siguiendo un cable guía para saber la cantidad de metros recorridos, puesto que al ser un río subterráneo, si se acababa el aire de la botella no había forma de salir a la superficie; cada cierto tiempo, nos reagrupábamos para confirmar que todo iba bien y continuábamos. Tras una de las paradas, al reanudar la marcha, quien iba delante se dio cuenta de que estábamos yendo en dirección contraria, puesto que estábamos tratando ya de salir porque se agotaba el aire. Intentamos salir deprisa. Yo iba el último y, en un giro, el regulador que me daba el aire de la botella se me enganchó con el cable guía, que me lo arrancó de la boca; la linterna se me cayó y mi cuerpo se quedó flotando, sin visión y sin aire. En ese momento, sin referencias espaciales, vi la imagen de las personas que había leído que se

---

9. Se puede encontrar más información en el apartado de investigación de la Fundación Metta Hospice: <www.fundacionmetta.org>.

habían ahogado y comprendí lo que les había pasado. Dejé mi cuerpo flotar sin tratar de respirar. Sentí una tranquilidad absoluta y fui buscando una posición que me permitiera coger el regulador y colocármelo en la boca de nuevo. Pude así recuperar la linterna y salir. Mis compañeros no se dieron cuenta de nada hasta que salimos. Unas semanas después, leí otra noticia que informaba de otra muerte en ese río subterráneo. Se había ahogado el que había sido uno de mis instructores de buceo, alguien muy experto al que algún imprevisto le impidió salir.

Otra experiencia personal ha sido la vivida durante la pandemia. Después de estar trabajando en la UCI atendiendo a quienes morían por el virus que todos conocemos, me tocó ser un paciente grave e ingresar en mi propia UCI. Durante varios días estuve en proceso de morir. En todo momento fui consciente de lo que pasaba y durante días viví una experiencia de hipersensibilidad de mi cuerpo y de conexión más allá de los sentidos con el espacio en el que me encontraba. Podía observar el miedo de quienes se acercaban y podía verme en un espacio sin límites, el cual percibía lleno de formas intangibles y dinámicas, y todo el tiempo me sentí tranquilo y en paz, como si el cuerpo no fuera el mío. Mi estado fue en todo momento de agradecimiento y la sensación, amorosa.

# 11

# Experiencias al final de la vida (EFV)

*La última hoja cae en silencio,*
*a las raíces de la eternidad.*

Vicente Arráez

Aunque muchas veces al personal asistencial le cueste comprender o reconocer las necesidades espirituales de los pacientes y les pueda resultar difícil hablar con ellos sobre estos temas, las experiencias del final de la vida (EFV) pueden ser de una enorme importancia para los moribundos.

Durante las dos décadas del presente siglo, los primeros informes que Peter Fenwick, junto con la psicoterapeuta Sue Brayne y la enfermera Hillary Lovelace, ha recopilado de quienes cuidan a las personas en proceso de morir, así como los datos aportados por los propios moribundos, nos han ofrecido una imagen diferente e interesante del proceso y de las experiencias que muchos de ellos tienen en los últimos días u horas de vida. Organizaron un estudio retrospectivo de cinco años y un cuestionario prospectivo de un año, con entrevistas al equipo de cuidados paliativos de dos hospicios y una residencia de ancianos en el Reino Unido. Además, se han acumulado mil anécdotas de EFV en respuesta a artículos de prensa, medios y entrevistas, todo ello recogido entre los años 2006 y 2008.

## El fenómeno de morir

Los datos obtenidos sugieren que los fenómenos relatados por los moribundos o sus cuidadores se dividen en cuatro categorías principales:

- **Las visiones en el lecho de muerte.** Estas visiones experimentadas por los moribundos son habitualmente de familiares muertos o evocan un viaje en curso.
- **Cambio de realidad.** La sensación predominante es que están de camino a una nueva realidad, un lugar lleno de amor, luz y compasión.
- **Coincidencias.** Hay muchos relatos sobre la consciencia de la presencia de alguien de quien estaban emocionalmente muy cerca en el momento de su muerte, incluso aunque estuvieran físicamente distantes y aquellos ni siquiera supieran que estaban enfermos o muriéndose.
- **Visiones de luz.** Estas visiones próximas al momento de la muerte son compartidas por numerosas personas que estaban sentadas con los moribundos y que también declararon ver luz en el momento de la muerte.

## Visiones en el lecho de muerte

Son muchos los casos en los que personas moribundas creen ver y oír a sus familiares o amigos ya fallecidos; en algunos, el moribundo viaja con la mente en varias ocasiones durante los días u horas previos a la muerte, con este familiar, a un lugar luminoso lleno de amor que considera más real que la vida que conoce. Cierto es que muchas de estas visiones podrían clasificarse como alucinaciones. Sin embargo, ¿carecen estas visiones de significado para quienes las experimentan? El *DSM-5* (*Manual Diagnostico y Estadístico de los Trastornos Mentales*) considera que una alucinación es una

> percepción sensorial que tiene el convincente sentido de la realidad de una percepción real, pero que ocurre sin estimulación externa del órgano sensorial implicado.

En el caso que nos ocupa no se trata exactamente de tener una visión puntual de un familiar que acaba de morir, dado que hablan con ellos durante un tiempo prolongado o varias veces a lo largo de los días o incluso semanas previas a la muerte. Tampoco son delirios, pues el mismo *DSM-5* establece como criterios diagnósticos del delirio:

*a)* Alteración de la conciencia. Por ejemplo, conlleva una disminución de la capacidad de prestar atención al entorno, con reducción de la capacidad para centrar, mantener o dirigir la atención.

*b)* Cambio en las funciones cognoscitivas, como deterioro de la memoria, desorientación, alteración del lenguaje o presencia de una alteración perceptiva que no se explica por una demencia previa o en desarrollo.

*c)* La alteración se presenta en un breve periodo de tiempo y tiende a fluctuar a lo largo del día.

A tenor de lo que sabemos sobre las ECM, y en concreto sobre las EFV, no podemos catalogarlas como delirios, pues durante estas vivencias no se reduce la capacidad de mantener o dirigir la atención, sino que las personas conservan la mente clara, no hay desorientación, ni deterioro de la memoria, y están bastante orientadas y lúcidas, como bien apunta Barrett. Entre la comunidad científica existe la creencia de que estas visiones pueden estar provocadas por el conocimiento de los moribundos de que van a morir, porque probablemente hayan escuchado que las personas a las puertas de la muerte ven a sus familiares ya fallecidos. También se les ha atribuido estas visiones a los fármacos o a los procesos fisiológicos previos a morir o a una respuesta psicológica por parte del moribundo ante la percepción de su propia muerte. Pero estas visiones no son debidas a una visión normal; si fuera el caso, todos los presentes en la experiencia podrían verlo. Tampoco tiene su origen en una ilusión visual producida por un objeto real que pudiera confundirse con una persona, pues en la mayoría de los casos suelen tener la visión de una pared lisa. Cabría además preguntarnos por qué los moribundos suelen ver a seres queridos fallecidos hace años en lugar de a aquellos con quienes compartieron momentos recientes. Este fenómeno también desafía las explicaciones psicológicas convencionales.

Las investigaciones sostienen que estas experiencias son diferentes de las alucinaciones inducidas por drogas y se producen solo cuando la conciencia está clara. Como bien apunta la enfermera Penny Sartori, los pacientes que habían recibido un fuerte medicamento analgésico tenían experiencias confusas y desagradables y eran menos propensos a reportar una ECM o una EFV. Por lo tanto, grandes dosis de fármacos analgésicos pueden inhibir los aspectos espirituales que pudieran emerg≠er durante el proceso de muerte; mientras que las alucinaciones —según hemos visto— pueden dar lugar a ansiedad o confusión, las experiencias al final de la vida derivan en la aceptación de la muerte y en una inmensa sensación de paz.

En su libro *Deathbed Visions*,[10] el doctor William Barrett menciona a Charles Robert Richet, ganador del Premio Nobel de Fi-

---

10. Barrett, W., *Deathbed Visions*, Nueva York, Greenpoint Books, 2023.

siología en 1913, quien afirmaba que estos fenómenos son más compatibles con una explicación espiritualista que con teorías materialistas. La teoría espiritista sugiere que estas visiones son evidencia de una vida después de la muerte, mientras que la materialista las atribuye a procesos cerebrales o fisiológicos. Pero el hecho incontestable de que muchos de los moribundos no conocían la muerte previa de alguna de las personas a las que veían en su lecho de muerte constituye, según William Barrett, una de las evidencias más concluyentes de la supervivencia tras la muerte.

Según apunta Osis en su monografía *Deathbed Observations*, los pacientes en el lecho de muerte ven apariciones con más frecuencia cuando están plenamente conscientes y tienen capacidad de respuesta ante el entorno que cuando la conciencia y la comunicación se hallan dañadas.[11] Osis y Haraldsson argumentaban que ni el condicionamiento médico, ni el psicológico, ni el cultural podían explicar estas visiones, que, además, eran independientes de factores como la edad, el sexo, la educación, la religión y el estatus socioeconómico.

En este contexto, resulta interesante revisar los descubrimientos del doctor Christopher Kerr, de la Universidad de Búfalo. Kerr ha comprobado que la mayoría de los enfermos a los que ha tratado en la fase final de la enfermedad y a punto de morir suelen ver a personas que han querido a lo largo de su vida (independientemente de que algunas hayan fallecido ya), incluyendo también mascotas y objetos físicos que han sido importantes para ellos. Algunas de sus recientes investigaciones respaldan que estas visiones suelen asociarse a emociones positivas y a un menor miedo a la muerte, incluso en pacientes sin deterioro cognitivo.

Lo cierto es que hasta la fecha no son muchos los estudios

---

11. Osis, K., *Deathbed Observations by Physicians and Nurses*, Nueva York, Parapsychology Foundation, 1961.

científicos que se han desarrollado sobre el propio proceso de la muerte o sobre las EFV. Esta falta de interés por conocerlas puede deberse a que en el ámbito médico la muerte significa el fin de la actividad cerebral, que es hasta donde la medicina llega. Pero precisamente por eso, la reflexión científica sobre este tema debería pasar por conocer si estos fenómenos asociados a las EFV aportan signos de una vida que va un paso más allá de la que ya conocemos. Porque, independientemente de que la ciencia aún no ofrezca respuestas definitivas, estas experiencias siguen siendo un puente entre lo físico y lo trascendente e invitan a explorar los límites de la conciencia humana. Es más, a estas experiencias se les otorga un origen trascendental o espiritual debido a la relevancia y al sentido personal y particular que le aportan a la persona.

Continuando con esta radiografía de visiones en el lecho de muerte, hay que decir que muchos cuidadores y familiares han descrito a pacientes que (incluso cuando no hablaban o no podían hacerlo) sonreían y extendían los brazos justo antes del momento de la muerte, como si saludaran a alguna presencia. Incluso si el «visitante» no es aparentemente un conocido o un familiar, parecen ser bienvenidos y no percibidos como una presencia amenazante. A menudo son vistos a través de la ventana, esperando, y normalmente entran en la habitación poco antes de la muerte y se quedan de pie cerca o se sientan al lado del paciente. Parecen estar en un lugar concreto, pues los moribundos suelen mirar y hablar a un punto en particular, y también se ha reportado que ven a más de una persona. Los moribundos responden a sus apariciones mostrando sorpresa o agrado, y, tras una charla con la aparición, parecen estar listos para marcharse. Los cuidadores relatan que, después de que hubiera venido un visitante al lecho de muerte, los pacientes a menudo utilizaban léxico de viaje («cuando me vaya», «cuando me recojan»…). En menor frecuencia, tienen miedo o se niegan a partir, y a veces «negocian» con su visitante retrasar un poco el momento de la muerte, especialmente si un familiar está de camino para despedirse.

En un caso recogido personalmente, un paciente joven me preguntaba, cuando pasaba la visita diaria en la UCI, si yo podía ver a un hombre de negro con un maletín que se paraba a la entrada del box. Él sabía que venía a buscarlo, pero no quería acompañarlo; comentaba que tenía miedo, ya que sabía que estaba muy grave y que si lo acompañaba sería porque se moría. Durante varios días tuvo la misma visión y su actitud era la de no dejarle pasar. En las jornadas siguientes la situación clínica fue mejorando. En un momento me dijo que ya no venía al hombre y que eso le hacía saber que estaba mejorando.

## Transitar a una nueva realidad

En los días previos a la muerte, algunos pacientes parecen entrar y salir de una realidad alterna, una zona que contiene muchos de los elementos descritos en las ECM en Occidente: presencias espirituales, familiares muertos, una luz brillante, escenas hermosas o una música celestial.

Resulta tremendamente difícil hallar una causa mecánica y unitaria para estas experiencias. Los cuidadores que están familiarizados tanto con el fin de la vida como con las experiencias inducidas por sustancias tienen claro que no están producidas por las drogas, sino que son bastante distintas en forma y en cualidad; y que tampoco pueden atribuirse a un estado orgánico de confusión, ya que suceden, principalmente, con la consciencia clara.

Entonces ¿dependen del contexto? Sí, parecen formar parte de la experiencia de morir, pero esto no ayuda a explicar su mecanismo. No parecen deberse a la expectativa (aunque las creencias influyen en ellas) y suceden independientemente de cualquier religión o creencia previa.

## Coincidencias en el lecho de muerte

Mucha gente relata el tener consciencia de la presencia de alguien de quien estaban emocionalmente cerca en el momento de su muerte. Otras veces se recibe un aviso de que el emisor estaba muerto o había muerto, y en casi la mitad de los casos el emisor había venido a despedirse asegurándoles que estarían bien. Es por eso por lo que la forma de darse cuenta depende del estado mental de los receptores en ese momento. Si están despiertos, normalmente es solo una sensación de presencia de la otra persona o un fuerte sentimiento emocional. Con menor frecuencia, se oye una voz o incluso se siente una caricia; y muy pocas veces la experiencia es visual, una imagen de la persona. Muy a menudo esta visita de los moribundos puede tener lugar en un sueño (pero con una cualidad especial) o en ese estado entre el sueño y la vigilia. La experiencia suele ser visual, con una narrativa compleja, cargada de luz y amor, y normalmente se recibe un mensaje que pretende evitar la preocupación. Si el receptor está en estado de somnolencia o semidespierto, las visitas son similares, pero menos vívidas visualmente.

Por supuesto, hay quienes tienen pesadillas esporádicas o dicen estar seguros, en un momento u otro, de que alguien a quien aman está en apuros, así que es difícil juzgar la supuesta causa y posible validez de estas experiencias, ya sean de familiares o de personas vinculadas. Pero es importante intentar hacerlo, porque si aceptamos que algunas no son meras coincidencias, también tenemos que aceptar la posibilidad de que la conciencia pueda existir independientemente del cerebro y que no cesa de existir con la muerte cerebral.

## Visiones de luz y neblina

En la mayoría de las tradiciones religiosas y místicas, la luz guarda un significado especial, así que no es extraño que sea un rasgo predominante de las EFV. Lo que es más sorprendente es que muchas personas que se habían sentado junto a los moribundos declaren haber visto también luz en el momento de la muerte.

La percepción de «algo» (a menudo descrito como humo o neblina) saliendo del cuerpo o planeando sobre él en el instante de la muerte también es relatada por los familiares y cuidadores de los moribundos. Aquí me vienen a la cabeza las palabras del dalái lama relativas a la segunda etapa del morir o disolución: «Es como el inicio de una aparición, como nubes azules de humo».

## Consciencia animal

Definitivamente, la consciencia acerca de la muerte no está restringida a nuestra especie. Un artículo del doctor David Dosa en el *New England Journal of Medicine* describía el comportamiento de Óscar, un gato que vivía en un asilo de Providence, Rhode Island. Óscar tenía la extraña habilidad de reconocer cuándo uno de los residentes se aproximaba a la muerte; el gato entraba en su habitación y se acurrucaba en la cama. No estaba interesado en los que estaban en un mal estado físico o en los que aún disponían de unos días de vida; de hecho, su instinto era tan preciso que el personal de la residencia siempre llamaba a los familiares en cuya cama Óscar había escogido sentarse aquel día.

Los elefantes también muestran interés, y parecen hasta mostrar compasión, por otros elefantes que están enfermos, muriendo o ya muertos, incluso si no son de la misma familia. Y mucha gente nos ha hablado de animales domésticos, perros y gatos, que se han comportado de un modo muy extraño en el momento de la muerte de un familiar.

Una de las enfermeras de mi equipo de trasplantes me preguntaba, en relación con el momento de morir su madre, si era posible que tuviera relevancia la presencia de una paloma que veían en la ventana y que pensaban que estaba enferma. En el momento de la muerte, la paloma levantó el vuelo y se fue. Más curioso aún fue que, durante todo el trayecto, hubo una paloma volando, como acompañando al cortejo fúnebre.

## Lucidez terminal

Con este término se designa el despertar súbito de alguien que ha estado inconsciente, semiconsciente o demente a una consciencia lúcida justo antes de la muerte.

Existe una larga historia bien corroborada por Nahm como enfermera y por Greyson como médico que sugiere que este fenómeno es conocido desde hace muchos años. No es extraordinario que pacientes con demencia, incapaces de reconocer a su familia durante mucho tiempo, recuperen la consciencia en el momento previo a morir para poder despedirse. Desde un punto de vista neurofisiológico, no queda claro por qué podría darse este despertar, pues a menudo va acompañado de un comportamiento que no podría haber sido posible antes. Para la neurociencia, las consecuencias son evidentes y claramente se trata de un campo de futura investigación. Sería interesante saber qué cambios ocurren en la función cerebral durante la lucidez terminal y si pueden explicar estos fenómenos.

Aún no conocemos la verdadera prevalencia de las EFV, pero está claro que distan de ser poco comunes. De hecho, el estudio prospectivo de Peter Fenwick sugiere una prevalencia del 66 por ciento. También es seguro que a menudo los pacientes tienen miedo a hablar de ellas, y los cuidadores (que no están formados en este campo) encuentran difícil responder a pacientes que quieren hacerlo, y entre ellos tampoco hablan sobre el tema.

Como bien sabes, el discurso de la medicina nos dice que cuando el corazón deja de latir, el cerebro deja de ser nutrido y comienza a decaer, a destruirse, y el ser humano deja de existir. ¿Es la existencia de los seres vivos finita? ¿Es dependiente de la vida física? ¿Estaría la conciencia limitada y ubicada en un cerebro sin posibilidad de trascender? Los estudios realizados con personas moribundas comienzan a demostrar lo contrario. En los últimos días o momentos de vida de una persona, a menudo ocurren una serie de experiencias muy asociadas a este proceso y que, de alguna forma, ayudan tanto al moribundo como a los acompañantes a afrontar mejor esa situación que sobreviene; es decir, esas experiencias muy similares a las ECM podrían considerarse como una preparación para el acontecimiento que está próximo a suceder. El doctor Moody aseguraba en una entrevista que

> en los pacientes terminales, la mejor manera de describir lo que ocurre es que su conciencia se expande, no se trata de una conciencia ordinaria. Adquieren una mayor amplitud de lo que sienten y lo que ven.

Según apuntaban Osis y Haraldsson, las condiciones médicas como la fiebre alta, la medicación o el mal funcionamiento cerebral no afectan a las visiones en el lecho de muerte, sino que incluso las disminuyen.

Todas las culturas han tenido sus propios mitos en torno a la muerte y especialmente al momento previo. Peter Fenwick ha recopilado algunos de ellos, como la visión de una valquiria en el campo de batalla, que, para el guerrero nórdico, suponía la confirmación de que iba a morir; o la aparición, a los miembros de una familia, de cuervos, o de una dama blanca a los Habsburgo del Imperio austrohúngaro, que auguraba una pronta desgracia. Otros presagios de muerte eran los caballos y perros negros que vagaban por el norte de Inglaterra, y las mariposas negras en Filipinas. En Cornualles, se cree que cuando los mirlos vuelan alrededor de una casa donde hay un enfermo presagian su muerte. En la tradición española, es muy común atribuir el llanto de los perros a una muerte próxima. Los gallos, según la tradición, tienen dos o más formas de cantar; cuando lo hacen «de forma triste», la muerte está próxima. Y lo mismo ocurre con el canto de la garza. En el antiguo Egipto, se asumía que el alma se transformaba en ave. En la tradición judía, quien guiaba al alma era una paloma, y en Siria, águilas.

Como bien apunta Peter Fenwick, en muchas culturas las visiones en el lecho de muerte tienen una doble misión; por un lado, ser mensajeras de la muerte y, por otro, ayudar a los recién desencarnados en el tránsito a la otra vida. Hay muchos ejemplos que podemos citar. En la antigua Grecia, Hermes era el encargado de acompañar a las almas hasta el Hades. En el antiguo Egipto, había textos, en los sarcófagos y en el Libro de los Muertos, con indicaciones para el tránsito del alma hasta la otra vida. Los monjes budistas siguen la guía de instrucciones para los fallecidos y los moribundos del Bardo Thodol, según la cual, después de cuarenta y nueve días sobreviene el ciclo del renacimiento. En el cristianismo, es el ángel de la guarda quien guía al alma.

## Visitantes en el lecho de muerte

En la antigüedad, este hecho a menudo se relacionaba con seres religiosos, como Jesús, san Pedro, la virgen María o los ángeles;

pero en la actualidad, son más comunes las visiones de familiares o amigos. Como curiosidad, lo común es que se aparezcan sin los defectos físicos que pudieran tener en vida; todo lo contrario: se ven más jóvenes, en la mayoría de los casos, o con la apariencia que tenían en su época de mayor esplendor, no la que tenían cuando murieron ni cuando fueron vistos por última vez.

Antes se interpretaba que era un ser místico el que aparecía en el lecho de muerte, sobre todo en la época medieval, caracterizada por el auge del cristianismo; ahora tiene el nombre concreto de alguien al que se ha conocido en vida.

Según Osis y Haraldsson, en la muestra estadounidense recogida para su estudio, la proporción de los visitantes de naturaleza mística era de un 13 por ciento frente al 70 por ciento atribuido a los familiares y conocidos. Sin embargo, en la India el porcentaje era del 50 por ciento frente al 29 por ciento correspondiente a los familiares. Esto podría demostrar que, como ya se ha mencionado antes, la cultura y la religión serían un factor importante a la hora de interpretar la propia experiencia. Independientemente de quién sea el visitante, lo que sí podemos afirmar es que se mantiene el significado de la visita. Para aquellas personas que han cultivado un profundo sentido religioso o espiritual, estas visiones en el lecho de muerte fortalecen sus creencias en la existencia de un más allá; y para aquellos que nunca lo tuvieron, puede incluso transformar sus creencias.

## Experiencias de muerte compartida o empática

Esta es, quizá, la experiencia de la que menos se haya hablado, pero no por ello es menos interesante. Realmente las experiencias de muerte compartida son visiones en el lecho de muerte que tienen la peculiaridad de que no solo las perciben quienes están muriendo, sino quienes los acompañan.

Los doctores Raymond A. Moody y Paul Perry, en su libro *La prueba de la vida después de la vida: 7 razones para creer en el más allá*, dicen que son como las ECM, solo que se producen también en una persona que no está enferma.[12] Suelen suceder a una o varias personas que están junto al moribundo, y tienen lugar cuando este está próximo a la muerte o justo cuando acaba de morir. Son muchas las explicaciones acerca de estas experiencias; una de ellas se centra en las neuronas espejo, a través de las que sería posible que en el momento de la muerte tuviera lugar una transmisión del pensamiento, como la telepatía o las alucinaciones.

## Otras experiencias

Muchos testimonios que he podido recoger a lo largo de mi vida profesional están relacionados con las experiencias de comunicación después de la muerte. Si bien es cierto que, en muchos casos, la aflicción por la pérdida y el dolor puede provocar sensaciones alucinatorias —especialmente en los más allegados al difunto—, hay ciertos testimonios de personas que refieren esa comunicación sin haber tenido un contacto muy directo con el fallecido.

Al igual que los enfermos tienen sueños con sus familiares fallecidos que les ayudan a reconciliarse con aspectos de su vida antes de fallecer, las personas allegadas también suelen tener sueños que, en la mayoría de las ocasiones, les ayudan a llevar el duelo y a sobreponerse.

---

12. Moody, R. A. y P. Perry, *La prueba de la vida después de la vida: 7 razones para creer en el más allá*, Madrid, Arkano Books, 2024.

# 12

# Un mapa del proceso
# de morir

*La nieve que ayer caía como pétalos de cerezo es
agua de nuevo.*

VICENTE ARRÁEZ

Como quizá hayas podido intuir, el libro que tienes entre las manos es un viaje en sí mismo, un camino que se inició con el abordaje de la cuestión de a qué nos referimos cuando hablamos de la muerte, de la conciencia y de otros términos que suelen confundirse, para ir adentrándose en el mundo de la mente, del cerebro y de todo un abanico de manifestaciones sutiles como son los sueños, las ECM o las EFV. El sendero, de ahora en adelante, está destinado a terminar de comprender qué es la muerte como tal y a adquirir las herramientas para vivirla con el mayor amor, naturalidad y liviandad posibles. Continuemos, pues.

## El mapa

Hablar de un mapa del proceso de morir es un intento de acercarse a esa etapa, pero hemos de ser conscientes de que dicho mapa no es el territorio. Tratar de elaborarlo nos permite no perder de vista que cada persona es única y que el proceso tiene unas características propias y diferentes para cada una; más aún, estas características serán dinámicas e irán mutando a lo largo dicho proceso. En él están implicadas todas las dimensiones de la persona: la familia, las relaciones sociales, los profesionales que la tratan y el entorno en que se desarrolla el proceso de morir.

## Dimensiones del proceso de morir

Como decimos, han de tenerse en cuenta todas las dimensiones que constituyen la persona, ya que el morir se manifiesta en todas ellas y, aunque podamos hablar de cada una de forma independiente, en ningún caso se encuentran separadas. Estas dimensiones serían: la física, en donde se van a manifestar los síntomas, la apariencia, etc.; la psicológica, en la que se expresan las emociones, la capacidad de respuesta, la lucha y todos los conflictos que suponen la aceptación de la enfermedad y de sus consecuencias; la social, relacionada con el entorno, la familia, el trabajo, las costumbres y el tipo de cultura establecido; y, por último, la espiritual, que se manifiesta por el anhelo de trascendencia, más allá de concepciones religiosas o creencias particulares.

## Manejo de las emociones. El miedo a la muerte

Ante la evidencia de nuestra muerte, del hecho de nuestra impermanencia, suele aparecer una sensación de impotencia que nos puede impedir ver cuestiones clave, y esto tiene que ver con lo que en la vida se manifiesta a través del ego, de la importancia personal.

Vivimos alimentando nuestra apariencia, la realidad a la que nos agarramos, perdiendo de vista la conexión con lo esencial, que es lo que es eterno y que requiere, para ser, dejar de estar. La impotencia surge de la lucha por mantener lo que no tiene sentido sostener, y si nos quedamos en esa lucha siempre, aparecerá la frustración de haber perdido. Morir bien tiene que ver con abandonarse, con rendirse, con dejar esa lucha de poderes de la que nunca podemos salir vencedores. La enseñanza y objetivo es que hemos de vivir desde la incertidumbre absoluta de lo que hay tras ese misterio, pero con la decisión de vivirlo hasta el último instante.

## Dinámicas del morir

La psiquiatra Kathleen Dowling Singh explica el proceso de morir a través de una serie de etapas y defiende que, tras una fase inicial de lucha, negación, resistencia y apego que ella reúne bajo la denominación de CAOS, ocurre la transformación de la entrega, aceptación que ella denomina rendición, a la que le sigue la fase de trascendencia. Y, todavía más allá de lo que llamamos trascendencia (fase que, de alguna manera, puede incluir un aspecto de superación), encontramos la disolución total, que ya no requiere trascender nada. Al dejar de luchar, desaparece cualquier dicotomía, cualquier separación; es volver a lo esencial y, más que de trascender, se trata de retornar al origen.

Un aspecto esencial para intentar tener una buena muerte es poder hablar de ella y reconocer lo que se puede esperar. Saber cuáles son los síntomas que se pueden presentar según el tipo de enfermedad para poder tratarlos es fundamental y una de las áreas en las que la medicina más recursos tiene. Sobre todo para el tratamiento del dolor. Del mismo modo, también adquiere mucha relevancia la elección del lugar donde se desea transitar esta fase, ya sea el domicilio o el hospital, así como que en el lugar en cuestión se garantice la intimidad y la dignidad de la persona.

Hemos de ver el proceso de morir como un puente que facilita cerrar todos los aspectos pendientes; por eso, en esta fase hay que rodearse de las personas cercanas para tener la oportunidad de despedirse desde el amor. También es el momento, para los que se quedan, de aprender acerca de la propia vida y, por qué no, de su propia muerte.

## Modelos de comprensión del proceso de morir

Mónica Renz, psicóloga y terapeuta suiza, identifica tres fases principales en el proceso de morir: la resistencia, la aceptación y la trascendencia. En la fase de resistencia, el individuo se enfrenta al miedo, a la negación y a la lucha contra lo inevitable. Esta etapa, aunque dolorosa, es esencial para que la persona comience a confrontar sus propios límites y a cuestionar su identidad más allá de lo físico. La aceptación, por su parte, marca un punto de inflexión en el que el individuo comienza a soltar el apego a la vida terrenal y a abrirse a una experiencia más amplia de sí mismo. Finalmente, la trascendencia se manifiesta como un estado de conexión con algo mayor, ya sea descrito como lo divino, lo universal o lo eterno.

Uno de los aportes más significativos de Renz es su énfasis en la importancia del acompañamiento terapéutico. Para ella, el rol del terapeuta o del acompañante no es solo brindar consuelo, sino facilitar un espacio en el que el moribundo pueda explorar sus emociones, miedos y creencias sin juicio. Este acompañamiento, basado en la presencia auténtica y en la escucha profunda, permite que el individuo se sienta sostenido en su viaje hacia lo desconocido.

En última instancia, la visión de Renz sobre la muerte es una invitación a vivir con mayor plenitud. Al confrontar la finitud de la existencia, el ser humano puede descubrir una dimensión más profunda de sí mismo, una que trasciende lo individual y se conecta con lo universal y con el propio misterio de la vida.

# 13

# Aprendiendo a soltar

*Hojas que caen, el río sigue fluyendo. Nada es eterno.*

VICENTE ARRÁEZ

## Aprender a despedirse: un viaje emocional frente a la muerte

La muerte es una de las pocas certezas que compartimos como seres humanos y, sin embargo, aceptarla, especialmente cuando se trata de la despedida de un ser querido, es una de las experiencias más difíciles y profundas que podemos vivir. Aprender a despedirse de alguien que está en proceso de morir no es solo un acto de amor, sino un proceso de crecimiento emocional y espiritual que refleja nuestra propia vulnerabilidad y humanidad.

Despedirse debe ser un acto consciente, uno que implica reconocer la inevitabilidad de la muerte y que, al mismo tiempo, nos permite honrar la vida de la persona que se va. Para muchas personas, esta despedida es una oportunidad para cerrar ciclos, expresar emociones reprimidas y, en muchos casos, sanar heridas del pasado. En este proceso se trata de quien se va, por supuesto, pero también de quien se queda. Es el momento de reconciliarse con la pérdida y prepararse para el duelo.

## Cómo prepararse para la despedida

1. *Aceptar la realidad.* El primer paso es aceptar que la muerte es inevitable. Esto no significa rendirse, sino reconocer que la vida está llegando a su fin. Esta aceptación nos permite enfocarnos en lo que realmente importa: el tiempo que queda.

2. *Expresar lo que sentimos.* Muchas veces, el miedo o la tristeza nos impiden decir lo que realmente queremos. Sin embargo, este es el momento de ser honestos. Decir te quiero, gracias o lo siento puede ser liberador tanto para quien se va como para quien se queda.

3. *Crear recuerdos significativos.* Aunque el tiempo sea corto, aún es posible crear momentos que perduren. Puede ser una conversación profunda, una canción compartida o simplemente estar juntos en silencio. Estos instantes se convierten en un legado emocional que nos acompañará después de la partida.

4. *Respetar los deseos del otro.* Cada persona enfrenta la muerte de manera diferente. Algunas pueden querer hablar abiertamente sobre ello, mientras que otras prefieren evitar el tema. Respetar sus deseos y necesidades es una forma de honrar su autonomía y dignidad.

## La acogida

El momento de la acogida es fundamental. Se trata del encuentro entre el acompañante y el enfermo y su familia. Ese primer instante en que se toma consciencia de la inminencia de la pérdida va a marcar el desarrollo de todo el proceso. Lo importante aquí es escuchar lo que el enfermo quiere compartir sobre su condición, sus actitudes, sus creencias, las cosas pendientes, etc. Cuando se trata de acompañar a la familia, la dimensión del vínculo es diferente a cuando es la familia quien toma consciencia de la situación. La clave es escuchar los sentimientos que aparecen, incluso si hay discrepancias entre los deseos de cada miembro. Y no está de más entender la situación logística (visitas del equipo de cuidados paliativos, medicamentos, etc.).

Cuando hablamos del proceso de morir, crear un vínculo empático desde el principio y facilitar el acercamiento es fundamental (tanto con la persona que está muriendo como con la familia y con el espacio en que nos vamos a mover). Hay que observar y escuchar. Aunque puedan darse elementos que generen tensiones, no hemos de tratar de intervenir, sino de dar un sentido que rebaje la importancia de cada cosa; acoger no consiste en cambiar nada, sino en integrar todo para disolver dichas tensiones. Por ejemplo, podemos comenzar el encuentro con frases como «Me alegro de que nos encontremos» o «¿Hay algo que puedo hacer para ayudar?»; también podemos contactar dando un abrazo (prestando siempre atención a los detalles para ser oportuno y no invadir). Deben evitarse comentarios contundentes, sugerir más que decir lo que hay que hacer, dejando clara la disponibilidad y el espacio para la expresión del otro. Poner condiciones supone gastar energía en algo que, probablemente, no podemos cambiar; sin embargo, centrarse en lo que tenemos permite relajar el ambiente y facilitar la gestión de cada situación, que siempre va a ser dinámica y diferente. Por supuesto, esta fase requiere de paciencia. Las cosas tienen su ritmo propio y no podemos provocar ni demorar.

Desarrollar una actitud acogedora es algo que podemos entrenar. Tenemos infinitos momentos a lo largo del día para practicar, da igual que sea cuando alguien se acerca a pedirnos algo o en un restaurante. Ser conscientes de las reacciones que se ponen en marcha ante diferentes situaciones cotidianas nos permite aprender a relacionarnos. Precisamente, porque solemos relacionarnos de forma inconsciente, podemos trabajar para mejorar nuestra manera de entrar en contacto con cualquier contexto. Obviamente, como en casi todo en la vida, son clave la observación y la atención. Para acoger, hay que estar abierto a lo que nos llega, y eso implica conocer nuestras limitaciones, reconocer nuestra forma de entrar en contacto con una persona, una situación o un fenómeno. Con frecuencia, en ese momento aparecen nuestros prejuicios o nuestros deseos, lo que va a condicionar nuestra receptividad.

En ocasiones, y entrando en todo lo que aparece en el proceso de morir, la primera situación en la que toma importancia la acogida se da cuando quien está viviendo esa experiencia recibe la noticia que pone en evidencia una situación que trastorna la propia vida. En ese instante, aparecen todas las resistencias y reacciones que tratan de cuestionar lo inevitable: desde el rechazo hasta la lucha por intentar cambiar aquello que no nos gusta; será necesario un esfuerzo para no cerrarse a la realidad que se presenta. Quien se acerca a otro y quiere acogerlo debe estar abierto a lo que sea que esté pasando y vaya a pasar, de forma incondicional y con plena disponibilidad. Para ello, es de gran ayuda trabajar con uno mismo, pues eso nos permite mantener la conexión con nuestro interior, reconociendo dónde somos vulnerables, cuáles son nuestros patrones de reacción y cómo nos afecta. La acogida no es un proceso mecánico que funcione como una receta o una mera intención; es un proceso flexible, que requiere fluir con la situación, confiando en la intuición y el sentido común.

Hay varios aspectos que es preciso tener en cuenta al entrar en contacto con otra persona.

En primer lugar, la importancia de las expresiones no verbales. El contacto inicial suele ser visual y una mirada puede contener matices de sorpresa, ternura, indiferencia, cercanía, confianza…

Sin decir ni una palabra, podemos estar enviando un mensaje que abra todas las puertas de la conexión.

En segundo lugar, las primeras palabras, un comodín perfecto para facilitar esa acogida inicial. El hecho de presentarse uno mismo y reconocer al otro o de preguntar con interés es algo que suele faltar cuando hablamos de nuestro sistema de salud; me refiero a que todavía existe la costumbre de hablar de tal o cual enfermedad o del número de cama o de habitación sin, en ocasiones, conocer ni siquiera el nombre de quien ocupa esa cama o quién es la persona que tiene la enfermedad. Convertir a la persona en un número o en un síntoma condiciona totalmente la relación que se va a establecer.

En definitiva, para acoger hay que dejar espacio para la expresión del otro, mantener el interés, tener paciencia y activar la atención y la sensibilidad para captar las reacciones de la otra persona.

## Estar presente

Tras la acogida, y en estrecha relación con ella, toma relevancia la presencia, la conexión con uno mismo al tiempo que con el otro, con sus circunstancias y con todo lo sutil que nos trasciende.

Este tema ha sido abordado por diferentes autores, como Max Chochinov, profesor de Psiquiatría de la Universidad de Manitoba, en Canadá, y director durante más de quince años de la Unidad de Investigación en Cuidados Paliativos de esa ciudad. Una de las conclusiones del estudio que realizó en 2013 fue que la presencia, aunque puede parecer intangible, modela y da forma marcadamente al tono del cuidado. Para que se dé esta presencia terapéutica es preciso que las cualidades personales estén profundamente arraigadas, sobre todo la compasión y la empatía; por eso, su ausencia se relaciona con la sensación del moribundo de no sentirse valorado o digno de una atención completa. Para Carl Rogers, psicólogo estadounidense, la presencia requiere tres condiciones básicas: la congruencia, la mirada incondicionalmente positiva y la comprensión empática. Quiero añadir también la definición que da la teóloga Berta Meneses, para quien la presencia es la ausencia de separación, la unificación con el otro.

En el caso de acercarse a acompañar a otro que está en proceso de morir, merece la pena prepararnos para estar presentes y observar la intención con la que nos aproximamos (saber lo que nos mueve nos puede ayudar a eliminar las expectativas y a evitar querer conseguir un resultado específico). No es fácil no estar condicionados por prejuicios o dejar de proyectar nuestros deseos, por bien intencionados que sean. Recurrir a la respiración para relajarse y centrarse puede sernos útil, así como tratar de vaciarnos de aquello que nos atrapa y observar las diferencias, aceptándolas, sin intentar modificarlas. Esto requiere, nuevamente, de flexibilidad, para poder fluir en cada situación. En el momento que tomamos conciencia de que algo nos arrastra o intuimos que podemos decir algo inapropiado, lo más hábil es hacer una pausa, parar el tiempo para dejar que todo se coloque en su sitio. En esta misma línea, también adquiere una relevancia especial el silencio. Este puede resultar incómodo o puede ser acogedor y compasivo; puede ser un silencio de la mente, de la voluntad, y puede ser de la acción, pero todos requieren de escucha y autocontrol. Si aprendemos a utilizar los silencios, estos se convierten en un importante nexo de unión entre los presentes.

Estar presentes requiere de enraizamiento, de estar centrado, entero, calmado, en contacto con uno mismo y con la experiencia personal, confiar en uno mismo, en la persona enferma y en lo que pueda ocurrir a lo largo del proceso. Cuando se produce la presencia plena es un fenómeno difícil de describir, pero muy evidente. No se trata de una técnica, sino de una experiencia en la que desaparece la importancia personal y se disuelven las tensiones existentes. La sensación es que el escenario en que se produce se llena de paz y de una conexión especial entre las personas implicadas. La presencia puede ser física, cuerpo a cuerpo; psicológica, mente a mente; y espiritual, de un ser completo a otro ser pleno.

Estar presentes es un privilegio que podemos aprender para vivir en plenitud cada momento.

## La despedida como acto de amor

Despedirse de alguien que se está muriendo es, en última instancia, un acto de amor. Es reconocer que, aunque la muerte nos va a separar físicamente, el vínculo emocional permanecerá. A través de la despedida, podemos encontrar consuelo en la certeza de que hemos hecho lo posible por honrar y acompañar a nuestro ser querido en sus últimos momentos. Y aunque el dolor de la pérdida es inevitable, también lo es la capacidad humana de encontrar significado y crecimiento en las experiencias más difíciles.

Aprender a despedirse no solo nos ayuda a enfrentar la muerte de otros, sino que nos prepara para aceptar la nuestra propia con mayor serenidad y compasión. En última instancia, la despedida es un recordatorio de que la vida, aunque finita, es profundamente valiosa. Y en ese acto de despedirnos encontramos una manera de celebrar, aunque sea con lágrimas, la belleza de haber compartido una etapa del camino.

# 14

# Los márgenes
# de la conciencia

*Las sombras bailan, la luz cede: el horizonte respira.*

Vicente Arráez

## Rompiendo los límites

Este libro es un buen ejemplo de que la conciencia es uno de los grandes misterios de la ciencia y la filosofía. Aunque todos la experimentamos en nuestro día a día, definirla, entenderla y explicarla sigue siendo un desafío monumental. En este punto, exploraremos los retos actuales en el estudio de la conciencia y las perspectivas futuras que podrían transformar nuestra comprensión de lo que significa ser consciente.

Partimos de un primer nivel de existencia en donde no hay separación ni individualidad, sino únicamente experiencia indiferenciada sin ninguna capacidad de «darse cuenta» de lo que está aconteciendo. Progresivamente, a lo largo de la vida, se va disolviendo la dicotomía objeto-sujeto. Es importante trascender los distintos estados que transitamos en la vida; de hecho, si esto no sucede, repetimos según qué patrones y experiencias. Es habitual que durante ese proceso aparezcan contradicciones y el miedo a lo que supone perder la conciencia de uno mismo, pero es solamente cuando se logra superar ese miedo cuando puede reconocerse que en la unidad no existe ninguna pérdida, sino todo lo contrario. En ese momento desaparecen todas las dicotomías y ya no es posible hablar ni siquiera de la existencia de un mundo absoluto separado de un mundo relativo. Es la experiencia de la conciencia pura, el tao, la iluminación, la vivencia mística o como lo queramos llamar. En última instancia, la conciencia es la clave para entender no solo quiénes somos, sino también nuestro lugar en el cosmos. La conciencia, en su esencia, es el puente entre lo conocido y lo desconocido, entre la ciencia y el espíritu, entre el individuo y el universo.

## Las limitaciones de los estudios científicos sobre la conciencia humana

A pesar de los avances significativos en neurociencia, psicología, filosofía y otras disciplinas, el estudio de la conciencia sigue siendo un campo lleno de incertidumbres y desafíos. Todo este proceso nos conecta con el fascinante tema de la consciencia, la mente, la conciencia, el pensamiento y todos aquellos aspectos que hemos ido abordando a lo largo de este viaje.

A lo largo del texto, vamos a explorar las principales limitaciones que enfrentan los investigadores al intentar desentrañar los misterios de la conciencia, ofreciendo una visión crítica y reflexiva y abordando las aportaciones a su estudio desde diferentes perspectivas.

### *La naturaleza subjetiva de la consciencia*

La consciencia es, por definición, una experiencia interna y personal. Esta inherente subjetividad es uno de los mayores obstáculos en su estudio y, a su vez, plantea un problema metodológico fundamental: ¿cómo podemos estudiar objetivamente algo que solo puede ser experimentado subjetivamente?

Los científicos han desarrollado herramientas como los informes verbales y las medidas conductuales para inferir estados conscientes, pero estas aproximaciones son indirectas y están sujetas a sesgos. Por ejemplo, un paciente en estado vegetativo podría tener algún grado de consciencia, pero no la capacidad de comunicarlo, lo que dificulta su detección. Esta limitación ha llevado a algunos filósofos, como David Chalmers, a plantear el «problema difícil de la conciencia», cómo y por qué los procesos físicos en el cerebro dan lugar a experiencias subjetivas.

## La falta de una definición consensuada

Aunque la conciencia es un término ampliamente utilizado, no existe una definición universalmente aceptada en la comunidad científica. Para algunos, la conciencia se refiere a la capacidad de percibir y responder al entorno (conciencia de acceso); para otros, implica la experiencia subjetiva en sí misma (conciencia fenoménica). Esta ambigüedad conceptual dificulta la comparación de estudios y la integración de hallazgos.

Además, la conciencia a menudo se confunde con otros conceptos relacionados, como la atención, la cognición o el estado de vigilia. Esta falta de claridad conceptual no solo limita el progreso científico, sino que genera debates interminables sobre qué aspectos de la conciencia deben ser priorizados en la investigación.

## Limitaciones tecnológicas

Aunque las tecnologías de neuroimagen, como la resonancia magnética funcional (fMRI) y la electroencefalografía (EEG), han revolucionado el estudio del cerebro, aún están lejos de proporcionar una imagen completa de la conciencia. Estas herramientas permiten observar correlaciones entre la actividad cerebral y ciertos estados conscientes, pero no pueden capturar la esencia de la experiencia en sí misma.

La resolución temporal y espacial de estas tecnologías es, además, limitada. Por ejemplo, la fDSM mide cambios en el flujo sanguíneo que ocurren en escalas de segundos, mientras que la conciencia puede fluctuar en milisegundos. Estas limitaciones técnicas impiden una comprensión detallada de los mecanismos neurales subyacentes a la conciencia.

## La complejidad del cerebro humano

El cerebro humano, sobre el que ya hemos tratado, es una de las estructuras más complejas que existen, así que identificar los sustratos neurales específicos de la conciencia no lo va a ser menos. Se han propuesto varias teorías, como la teoría del espacio de trabajo global (Global Workspace Theory) o la de la información integrada (Integrated Information Theory), pero ninguna ha logrado explicar completamente cómo surge la conciencia a partir de la actividad cerebral. Además, la conciencia no parece depender de una sola región cerebral, sino que emerge de la interacción dinámica de múltiples redes neuronales, lo que añade otra capa de complejidad.

## Limitaciones éticas y prácticas

El estudio de la conciencia también enfrenta desafíos éticos y prácticos. Por ejemplo, los experimentos que implican la manipulación directa del cerebro, como la estimulación cerebral profunda, plantean cuestiones éticas sobre el consentimiento y los hipotéticos riesgos para los participantes. Otro desafío práctico es la dificultad para reclutar participantes que representen la diversidad de experiencias conscientes, y es que, la mayoría se realizan en poblaciones occidentales, educadas, industrializadas, ricas y democráticas.

## La intersección entre ciencia y filosofía

El estudio de la conciencia no puede desligarse de cuestiones filosóficas profundas, como la naturaleza de la mente, la relación entre el cerebro y el yo, y el libre albedrío. Estas preguntas trascienden el ámbito de la ciencia empírica y requieren un enfoque interdisciplinario que integre perspectivas filosóficas, psicológicas y neurocientíficas. Sin embargo, esta intersección también puede ser una fuente de conflicto. Los científicos tienden a buscar explicaciones reduccionistas mientras que los filósofos a menudo enfatizan la irreductibilidad de la experiencia subjetiva. La tensión entre estas maneras de proceder dificulta el avance hacia una teoría unificada de la conciencia.

## El problema de la causalidad

Identificar correlaciones entre la actividad cerebral y los estados conscientes no implica causalidad necesariamente. Determinar si ciertos patrones neurales causan la conciencia o son simplemente un subproducto de ella sigue siendo un gran desafío.

## Jacobo Grinberg: la teoría sintérgica y la conciencia como campo unificado

Ya hemos hablado en varias ocasiones de Jacobo Grinberg, pero en este capítulo quiero traerle a colación porque tiene mucho que decir acerca de esos márgenes de la conciencia. Su obra se centró en la intersección entre la neurofisiología, la psicología y las tradiciones espirituales. Propuso una teoría revolucionaria conocida como la teoría sintérgica, que postula que la conciencia es un campo unificado que trasciende los límites del cerebro y el cuerpo físico. Según Grinberg, el cerebro actúa como una «antena» que sintoniza con este campo de conciencia universal. Este campo, al que llamó *lattice* (en inglés, «réd» o «entramado»), es una matriz de información que conecta a todos los seres vivos y que contiene todo el conocimiento posible. La percepción, la memoria y la experiencia subjetiva serían precisamente el resultado de la interacción entre el cerebro individual y este campo unificado. Grinberg realizó experimentos fascinantes para demostrar su teoría. Uno de los más conocidos es el experimento de no-localidad, en el que dos personas meditaban juntas y luego eran separadas en habitaciones aisladas; cuando una de ellas recibía un estímulo eléctrico, la otra mostraba una respuesta cerebral similar, a pesar de no haber sido expuesta directamente al estímulo. Grinberg interpretó esto como evidencia de una conexión no-local entre las mentes, mediada por el campo de conciencia universal.

## La CIA y los estudios sobre la conciencia: el proyecto Gateway

Mientras Grinberg exploraba la conciencia desde un enfoque científico-espiritual, la CIA llevaba a cabo investigaciones en un ámbito más pragmático, pero igualmente intrigante.

Durante la Guerra Fría, la agencia de inteligencia estadounidense inició el proyecto Gateway, un programa secreto destinado a explorar las capacidades psíquicas humanas y su potencial aplicación en operaciones de inteligencia. El proyecto se centró en fenómenos como la visión remota (la capacidad de percibir eventos o lugares distantes sin el uso de los sentidos físicos) y la telepatía. Aunque al principio se consideraba pseudociencia, los resultados de algunos experimentos fueron lo suficientemente prometedores como para mantener el programa activo durante décadas. Uno de los hallazgos más sorprendentes fue que ciertos individuos parecían capaces de acceder a información que trascendía las barreras físicas y que estaba más allá de los límites del espacio y el tiempo, lo cual resuena con las ideas de Grinberg de la *lattice* y la no-localidad.

Sin embargo, hay diferencias notables. Grinberg enfatizaba el aspecto espiritual y holístico de la conciencia, la veía como un fenómeno intrínsecamente conectado con el universo. En contraste, la CIA se centró en el potencial práctico de estas capacidades, buscando aprovecharlas para fines específicos. Esta divergencia refleja dos enfoques complementarios: uno orientado hacia la comprensión y la trascendencia y otro, hacia la aplicación y el control.

## Implicaciones para el futuro de la investigación sobre la conciencia

Las aportaciones de Jacobo Grinberg y los estudios de la CIA plantean preguntas profundas sobre la naturaleza de la conciencia y su papel en el universo. Si la mente humana está conectada a un campo de información universal, ¿cuáles son las implicaciones para nuestra comprensión de la realidad? ¿Podemos desarrollar tecnologías que nos permitan acceder a este campo de manera consciente y controlada?

## La conciencia y la física cuántica: un diálogo entre la mente y el universo

La neurociencia ha avanzado enormemente en la comprensión de los mecanismos cerebrales que subyacen a la conciencia, pero aún no existe una teoría unificada que explique cómo la actividad neuronal da lugar a la experiencia subjetiva. Este problema, conocido, como ya hemos comentado, como el «problema difícil de la conciencia», fue acuñado por el filósofo David Chalmers y sigue siendo uno de los mayores desafíos de la ciencia contemporánea.

Una de las hipótesis más intrigantes detrás de su resolución es que la conciencia podría ser un fenómeno emergente, es decir, una propiedad que surge de la complejidad de las interacciones entre las neuronas. Algunos científicos y filósofos han propuesto que la física cuántica podría desempeñar un papel crucial en este proceso y que se trataría de un mundo radicalmente diferente al de nuestra experiencia cotidiana. A escalas subatómicas, las partículas no tienen propiedades definidas hasta que son medidas. En lugar de ello, existen en una superposición de estados, donde todas las posibilidades coexisten simultáneamente, y es solo al realizar una medición cuando la función de onda colapsa en un estado definido.

Una de las primeras conexiones entre la conciencia y la física cuántica fue propuesta por el matemático John von Neumann y el físico Eugene Wigner en la década de 1930. Según su interpretación, es la observación consciente la que causa el colapso de la función de onda, es decir, la que determina el estado definitivo de una partícula cuántica. Esta idea, conocida como interpretación de Von Neumann-Wigner, sugiere que la conciencia no es un mero espectador del universo, sino un participante activo en su creación. Como era de esperar, esta interpretación ha sido criticada por muchos físicos, argumentando que no hay evidencia empírica que respalde la idea de que la conciencia influye en los sistemas cuánticos. La mayoría de los físicos prefiere interpretaciones más pragmáticas, como la interpretación de Copenhague, que atribuye el colapso de la función de onda a la interacción con el entorno, no a la conciencia.

A pesar de las críticas, hay varias teorías modernas que han retomado la idea de que la conciencia podría estar relacionada con fenómenos cuánticos. Una de las más conocidas es la teoría de la reducción objetiva orquestada (Orch-OR), propuesta por los ya mencionados Roger Penrose y Stuart Hameroff. Esta teoría defiende que la conciencia surge de procesos cuánticos que ocurren en los microtúbulos, estructuras proteicas dentro de las neuronas, y sugiere que dichos procesos podrían explicar no solo la conciencia, sino también la naturaleza no algorítmica del pensamiento humano, algo muy interesante.

Sabemos que, por lo general, siempre hay opiniones divergentes, más aún en temas tan sutiles como la conciencia, pero el mensaje que habita por encima del debate es que la mera posibilidad de que la conciencia esté relacionada con la física cuántica tiene profundas implicaciones tanto para la ciencia como para la filosofía; y por eso es necesario que continúe dándose el diálogo entre ambas. Por un lado, podría ofrecer una explicación para la naturaleza subjetiva de la experiencia consciente, algo que la física clásica no ha logrado hacer. Por otro, plantea preguntas fundamentales sobre la naturaleza de la realidad: ¿Es el universo, en última instancia, una construcción mental? ¿Es la conciencia un fenómeno puramente físico, aunque de una naturaleza aún desconocida? Esta conexión podría, además, tener aplicaciones prácticas en campos como la inteligencia artificial y la medicina. Si la conciencia está relacionada con procesos cuánticos, sería posible desarrollar tecnologías que interactuasen directamente con la mente humana o incluso crear máquinas conscientes.

En última instancia, la exploración de la conciencia y su posible conexión con la física cuántica nos recuerda que el universo es un lugar mucho más extraño y maravilloso de lo que podemos imaginar. Y quizá en ese espacio entre lo conocido y lo desconocido se encuentre la clave para comprender quiénes somos y nuestro lugar en el cosmos.

## La inteligencia artificial: simulando la mente humana

En esta radiografía no puede quedarse fuera la inteligencia artificial. Como sabemos, la IA es un campo de la informática que busca crear sistemas capaces de realizar tareas que normalmente requieren inteligencia humana. Estas tareas incluyen el reconocimiento de patrones, el aprendizaje, la toma de decisiones y el procesamiento del lenguaje natural. Así pues, a diferencia de la conciencia humana —que es un fenómeno biológico y subjetivo—, la IA se basa netamente en algoritmos y datos. En las últimas décadas, la IA ha logrado avances espectaculares. Los sistemas de aprendizaje profundo o *deep learning* pueden ahora reconocer imágenes, traducir idiomas en tiempo real y hasta jugar al ajedrez a un nivel superior al de los mejores jugadores humanos. Estas capacidades son impresionantes, sí, pero carecen de experiencia subjetiva.

Dado sus avances, cabe cuestionarse: ¿puede la IA llegar a ser consciente? Esta es la pregunta que genera más debate. Algunos expertos, como el científico y director de Ingeniería en Google

Ray Kurzweil, creen que es solo cuestión de tiempo que las máquinas alcancen una forma de conciencia. Argumentan que, si esta emerge de la complejidad del cerebro, entonces una máquina suficientemente compleja también podría desarrollarla. Otros, como el filósofo John Searle, sostienen que la IA nunca podrá ser verdaderamente consciente, ya que la conciencia no es solo una cuestión de procesamiento de información, sino de biología y subjetividad. Un enfoque intermedio sugiere que la IA podría desarrollar una forma de pseudoconciencia, es decir, una simulación convincente de la conciencia pero sin la experiencia subjetiva real. Obviamente, esto plantea preguntas éticas profundas: si una máquina parece consciente, ¿debemos tratarla como si lo fuera?, ¿qué derechos tendría una IA consciente, si es que tuviera alguno?

Como conclusión, me gustaría decir que la conciencia humana y la inteligencia artificial son dos caras de una misma moneda: la búsqueda de la comprensión de la mente y su lugar en el universo. A medida que avanzamos en esta búsqueda, es esencial que lo hagamos con humildad, curiosidad y un profundo respeto por la complejidad de la vida y la mente.

## Implicaciones filosóficas y existenciales

La conciencia humana y el proceso de morir son dos de los mayores misterios que enfrentan la ciencia y la filosofía. Los avances recientes en neurociencia, física y medicina han arrojado luz sobre estos fenómenos, pero también han revelado lo mucho que nos queda por descubrir. La conciencia, en su complejidad y profundidad, parece desafiar las explicaciones puramente materialistas, invitándonos a considerar la posibilidad de que exista algo más allá de lo físico. En última instancia, la exploración de la conciencia y la muerte enriquece nuestro conocimiento científico y nos invita a reflexionar sobre nuestra propia existencia y sobre nuestro lugar en el universo. Como seres conscientes, estamos llamados a vivir con plenitud, conscientes de nuestra finitud, pero también de la profundidad misteriosa que nos habita.

La relación entre la conciencia y la muerte no es solo un tema de interés científico, sino también filosófico y existencial. La posibilidad de que la conciencia persista después de la muerte plantea preguntas profundas sobre el significado de la vida, la naturaleza del yo y la existencia de una realidad trascendente. Para algunos, esta posibilidad ofrece consuelo y esperanza; para otros, es una incógnita que desafía nuestra comprensión del universo. Desde una perspectiva existencialista, la conciencia de la muerte es lo que da sentido a la vida. Como escribió Martin Heidegger, la finitud es lo que nos permite vivir de manera auténtica, plenamente conscientes de nuestra temporalidad. En este sentido, el proceso de morir no se limitaría a ser un evento biológico, sino que sería una experiencia profundamente humana que nos confronta con nuestra propia naturaleza.

# 15

# Transformación
# y trascendencia

*Quiero hacer contigo lo que la primavera hace con
los cerezos.*

Pablo Neruda

Como seres humanos, hablar de la trascendencia significa abordar
una dimensión de búsqueda permanente de todo aquello que permita superar la conciencia de la finitud.

El ser humano sabe que es un ser limitado en todas sus dimensiones: física, psicológica, social y como parte del universo; aunque es evidente que con frecuencia se olvida de ello y confunde la
idea de trascendencia con la de control y prepotencia. En esa condición humana sería preciso distinguir las características que definen los diferentes aspectos del ser en el mundo, ya que cada una
requiere diversas maneras para abordar sus limitaciones. Y, a su
vez, en relación con la vida y el proceso de morir, hay que poner el
foco en la persona, entendida como la manifestación esencial de
nuestra humanidad. Es en esta dimensión donde se concentra el
potencial del ser humano y donde residen la dignidad, la libertad
y todos aquellos valores transversales que caracterizan su esencia.
Centrarse en la persona y en su esencia nos acerca a la experiencia
de trascendencia.

Cuando abordamos otros aspectos como la idea de individuo, en nuestra dimensión social y psicológica, corremos el riesgo de reforzar nuestra importancia personal y nuestros roles, que nos hacen buscar la relevancia social, la eficiencia e incluso la productividad o la inmediatez (valores imperantes hoy día), pero que tienden a separarnos de nuestros valores esenciales. Otro aspecto de la persona es su dimensión ciudadana, con la que se construyen derechos y obligaciones, elementos que pueden acabar constituyendo otra serie de limitaciones de la persona. Vivimos una época en que hay una discusión permanente acerca del derecho a una vivienda, por ejemplo. O de la obligación de cuidar el medio ambiente.

El conflicto que se crea entre los diferentes aspectos de la persona es clave a la hora de plantear la trascendencia, es decir, la posibilidad de ir más allá de los límites establecidos, algo que solo se puede conseguir disolviendo las barreras y no confrontando sus manifestaciones. Desde el punto de vista biológico, es evidente que estamos constituidos para trascendernos a nosotros mismos a través de la sexualidad, que busca, en la procreación, la continuidad de la especie. Y a través de la herencia, la posibilidad de dejar un legado; no solo a los descendientes, sino también como aportación a la sociedad y al mundo. Precisamente, el dicho clásico que habla de las tres cosas que hay que hacer para sentirse completo en la vida, tener un hijo, plantar un árbol y escribir un libro, expresa la necesidad de dejar la impronta propia en el aspecto biológico —sintiendo una continuidad en los hijos—, en la sociedad —dejando nuestro testimonio en un libro— y en la naturaleza —conectando con ella a través de un árbol.

Otro aspecto de la búsqueda de trascendencia se manifiesta en la necesidad de encontrar respuestas a aquellas preguntas que nos adentran en el misterio de la vida y para las que no tenemos respuesta aparente (de dónde venimos, hay algo más allá de esta vida...). Las respuestas no son accesibles desde el punto de vista racional, y será de gran ayuda aproximarnos a las tradiciones de sabiduría, las religiones y las diferentes creencias que se desarrollan en cada cultura y en cada época. Y hacerlo, como siempre, con curiosidad y una mente abierta. En este punto, quiero traer un pequeño resumen de las que creo que son las aportaciones más interesantes sobre el concepto de finitud surgidas de algunas mentes prodigiosas. Una finitud que es afrontada como alternativa, precisamente, a través de la trascendencia y la conexión con la esencia espiritual.

K. Jaspers ve en la finitud la posibilidad de que el hombre se abra a la trascendencia:

> Solo el hombre lleva su finitud a la historia, y solo en ella quiere devenir lo que él puede ser. La imposibilidad de cerrarse es un signo de su libertad. Y esa imposibilidad de consumarse, con su consecuencia de ilimitado buscar e intentar (en vez de la vida tranquilamente supeditada, inconsciente, en ciclos que se repiten), es inseparable de su saber de ella.[13]

Para Jean-Paul Sartre, la finitud humana es su contingencia, su carácter de lo que existe de hecho y está desprovisto de necesidad, a la vez que es libertad y angustia:

> El existencialismo ateo que yo represento es más coherente. Declara que, si Dios no existe, hay por lo menos un ser en el que la existencia precede a la esencia, un ser que existe antes de poder ser definido por ningún concepto, y que este ser es el hombre.[14]

13. Jasper, K., *La fe filosófica*, Madrid, Editorial Losada, 2003.
14. Sartre, J. P., *El existencialismo es un humanismo*, Barcelona, Ediciones Folio, 2007.

A la visión de la finitud de Sartre se opone la de Heidegger:

> La finitud y la infinitud distinguen dimensiones antropoló-
> gicas del ser-ético, de su necesidad de proyectarse como perso-
> na o comunidad. El ser humano se distingue de los demás seres
> vivos por ser protagonista de su propia existencia y en recipro-
> cidad del co-ser en-sí mismo y en co-existencia con los demás.
> Un ser cuyo reconocimiento de lo espiritual y de la necesidad
> de lo trascendente va «más allá», es una necesidad de «seguir-
> siendo», una parte de su intrínseca naturaleza humana.[15]

Schopenhauer dedicó parte de sus estudios a desentrañar el enig-
ma de la existencia, destacando su visión pesimista y atea. Afirma
que las acciones de los seres humanos están sujetas al principio de
razón suficiente y, por tanto, sujetas a la necesidad; niega así el libre
albedrío como se entiende convencionalmente. Sin embargo, conce-
de absoluta relevancia a la voluntad, a la que considera libre en sí
misma. Se manifiesta en el ser humano como voluntad de vivir, considerando que la autotrascendencia es una actividad de la voluntad.

Para Teilhard de Chardin, todo proceso en el hombre está
orientado hacia un fin: la trascendencia, que consiste en un devenir del mundo que surge como un proceso de desmaterialización
y espiritualización. La noosfera, como punto culminante de un
tramo de la evolución y punto de partida del proceso consciente
hacia la trascendencia, se caracteriza por la aparición de la conciencia, que supone un salto cualitativo y que se manifiesta en el
carácter reflexivo y autoconsciente del hombre.

Al concepto de finitud como determinación, Hegel añade el
de finitud como fin, o caducidad, o no-ser. Las cosas, porque son

---

15. Heidegger, M., *The Fundamental Concepts of Metaphysics: World, Finitude,
Solitude*, Madrid, Alianza Editorial, 2023.

finitas, son y no son al mismo tiempo; lo que son lo determina su finitud, que es su límite. Al mismo tiempo, señala hacia lo que ellas no son, poniendo su comprensión fuera de ellas; nada es simplemente en sí, nada se entiende solo y por sí mismo.

Como vemos, la gran mayoría de los grandes filósofos (al igual que la mayoría de personas) han abordado el tema de lo que significa la existencia del ser humano, llegando a diferentes conclusiones. En nuestro trabajo como acompañantes de personas en proceso de morir, no necesitamos especular sobre la finitud ni buscar explicaciones racionales al misterio de la existencia. Cada uno puede abordar estas cuestiones según sus creencias o su experiencia personal; de lo que no hay duda es de la impermanencia de lo material, del cuerpo biológico.

Cada vez hay más pruebas de que la energía esencial trasciende lo material. Los trabajos de, entre otros, Pim van Lommel ponen en evidencia que el ser humano es expresión formal y limitada de una conciencia que se puede denominar dios, tao, espíritu o cualquier otro término. Dicha conciencia plena supondría un espacio adimensional que podemos intuir en el plano terrenal de nuestra existencia y al que tratamos de acercarnos durante lo que llamamos vida desde el anhelo y el reconocimiento de algunas experiencias que podemos tener en momentos de plenitud, en instantes en los que desaparece la dualidad, en momentos en que se disuelven el tiempo y el espacio.

Como conclusión y sinopsis, quiero compartir la visión de que la conciencia es como el agua del océano, donde cada uno somos como una botella de agua flotando. Desde dentro, podemos percibir el agua a través del cristal, de la etiqueta, del cuello o del culo de la botella. Y cada botella es diferente, como lo somos cada uno. Transitar la muerte es, precisamente, romper la botella, trascender sus limitaciones para volver a ser el agua que ya éramos y que somos.

# Referentes

Esta no es una lista de personas cuyas enseñanzas se han utilizado para la realización de este libro. Más bien se trata de señalar a aquellas personas que han sido mis maestros, ya sea con la lectura de sus trabajos o a través del contacto personal. Seguro que se podrían citar muchos más y con más conocimiento para abordar los temas tratados. Por lo tanto, este sería un lugar en donde plasmar mi agradecimiento con quienes forman parte de mi camino. Como se ve no hay ninguna jerarquización en el listado.

Tew Bunnag. Maestro de taichí y chi kung. Escritor. Cofundador de la Fundación Metta Hospice.

Dhiravamsa. Maestro de meditación vipassana.

Pim van Lommel. Cardiólogo. Uno de los pioneros en aportar pruebas científicas sobre el proceso de morir y las ECM.

Stanislav Grof. Experto en los estados modificados de conciencia.

Vicente Simón. Psiquiatra experto en *mindfulness*.

Jacobo Grinberg. Neurofisiólogo. Investigador de los márgenes de la conciencia.

Nazareth Castellanos. Neurocientífica estudiosa del cerebro y sus relaciones.

Dalái lama. Una mente abierta a integrar ciencia y espiritualidad.

Lynne McTaggart. Periodista con gran influencia en la difusión de los temas concernientes a la conciencia y la realidad.

Ervin Laszlo. Filósofo y teórico de la ciencia.

José María Poveda. Psiquiatra, experto en chamanismo; también coincidimos en el camino.

Manuel Almendro. Psicólogo, escritor. Conocedor y explorador de diferentes tradiciones.

Matthieu Ricard. Neurobiólogo y monje budista. Un ejemplo en el camino.

Aurelio. Chamán líder del Camino Rojo, dentro de la tradición tolteca.

Elisabeth Kübler Ross. Poco que decir de su persona.

Cicely Saunders. Enfermera que transformó la visión sobre el acompañamiento al proceso de morir. Promotora del modelo Hospice.

Albert Einstein. Sin comentarios.

David Lorimer. Explorador de las fronteras de la ciencia y la espiritualidad. Director del proyecto Scientific and Medical Network (Red de Ciencia y Medicina). Actualmente ya en una versión en lengua castellana, con un grupo coordinador del que participo personalmente.

David Bohm. Uno de los físicos cuánticos más importantes de todos los tiempos.

Rupert Sheldrake. Biólogo con gran repercusión por sus teorías sobre los campos morfogenéticos.

James Lovelock. Médico que formuló la hipótesis GAIA, una visión del planeta como un organismo.

Wayne Dyer. Psicólogo y escritor de temas de autoayuda.

Carl Jung. Psiquiatra que hizo grandes aportaciones al estudio del consciente y el inconsciente.

Stephen LaBerge. Explorador del mundo de los sueños lúcidos.

Chögyam Trungpa. Maestro tibetano heterodoxo.

Eli Vargas: mujer medicina de la tradición tolteca.

Francisco Varela. Biólogo y filósofo. Investigador en el ámbito de las neurociencias, las ciencias cognitivas y la filosofía de la mente.

Antonio Damásio. Médico neurólogo experto en los sistemas neuronales que subyacen a la memoria, el lenguaje, las emociones
y el procesamiento de decisiones.

J. M. Fericgla. Psicólogo y antropólogo dedicado a la exploración
de los estados expandidos de conciencia.

Ramón y Cajal, Golgi, Paul MacLean, Aristóteles, Platón, Herófilo,
Galeno, Avicena, Planck, De Broglie, Born, Schrödinger, Hei-
senberg, Hameroff, Penrose, Turing, Massimo Pregnolato, Von
Neumann, Kauffman, Eccles, Beck, Searle, Rodolfo Llinás,
Popper, David Chalmers, Aharon Katchalsky, Capra, Dossey,
Pribram, Wilber, Wallace, Pauli, Maturana, Margulis. Lao-Tse,
Dzogchen Ponlop, Alexander, Moody, Cristina Lázaro, Morín,
Rosa Gracia.

Javier Urchueguia, Pier Francesco Moretti, Annette Grathoff, Wolf
Janu, Enrique Monzó, Roger Nelson. Vasileios Basios, Jeff Dun-
ne; y los que ya están más allá: Brenda Dunne y Peter Fenwick.
Todos, parte de nuestro equipo de investigación.

Karl Jaspers (1883-1969) fue un influyente psiquiatra y filósofo alemán, conocido por su obra pionera en psicopatología general y
su pensamiento existencialista centrado en la vida individual.

Jean-Paul Sartre (1905-1980) fue un filósofo, escritor y activista po-
lítico francés, figura clave del existencialismo y del marxismo
humanista. Su pensamiento, plasmado en obras como *El ser y la
nada* y *El existencialismo es un humanismo*, se centró en la libertad humana, la responsabilidad individual y la idea de que «la
existencia precede a la esencia».

Martin Heidegger fue un filósofo, ensayista y poeta alemán. Muchos especialistas se refieren a él como el pensador y filósofo
más importante del siglo XX. Su preocupación por los caminos
que había tomado la tradición metafísica lo llevó a realizar una
nueva propuesta para intentar enmendar el mayor error que se
había cometido: el olvido del Ser.

Solo cito a algunas y algunos que han sido punto de partida y compañeros de viaje. Todos bebemos de la misma fuente y tenemos el mismo destino. Por el camino, cada uno tiene un propósito y un rol que jugar, que nos hace parecer diferentes.

En esencia todos somos lo mismo. Conciencia pura. Ellos y ellas nos ayudan a reconocerlo, desde el más allá o desde el más acá.

Mi especial agradecimiento a Ana, por su presencia incondicional, sensible y cariñosa, en la edición de cada capítulo del libro, su energía consciente ha sido parte fundamental del resultado.